全新知识大揭秘

经济与生活

李宏瑾◎编写

吉林出版集团股份有限公司
全国百佳图书出版单位

图书在版编目（CIP）数据

经济与生活 / 李宏瑾编. -- 长春：吉林出版集团
股份有限公司, 2019.11（2023.7重印）
　（全新知识大揭秘）
　ISBN 978-7-5581-6294-7

　Ⅰ.①经… Ⅱ.①李… Ⅲ.①经济学 – 少儿读物
Ⅳ.①F0-49

中国版本图书馆CIP数据核字(2019)第003192号

经济与生活
JINGJI YU SHENGHUO

编　写	李宏瑾	
策　划	曹　恒	
责任编辑	林　丽　李婷婷	
封面设计	吕宜昌	
开　本	710mm×1000mm　1/16	
字　数	100千	
印　张	10	
版　次	2019年12月第1版	
印　次	2023年7月第2次印刷	

出　版	吉林出版集团股份有限公司
发　行	吉林出版集团股份有限公司
地　址	吉林省长春市福祉大路5788号
	邮编：130000
电　话	0431-81629968
邮　箱	11915286@qq.com
印　刷	三河市金兆印刷装订有限公司

书　号	ISBN 978-7-5581-6294-7
定　价	45.80元

经济活动是人类最重要也是最基本的社会活动之一，同时也是充满了智慧的活动。英国的经济学大师阿尔弗雷德·马歇尔曾说过，"经济学是一门研究财富的学问"。有着几千年文明史的人类从来没有停止过对财富创造的思考，而这方面的智慧几乎都凝结于有着"社会科学皇后"之称的经济学之中。古往今来，那些伟大经济学家的思想无不给我们以无限的真知和启示。我们可能不知道亚当·斯密、李嘉图和凯恩斯，但毫无疑问，他们的思想已经在我们的经济生活中打下了烙印。因此，触摸经济学家们的思想，也是了解社会经济生活的快速通道。

很长时间以来，人类一直在刀耕火种的状态下去获得生活和发展所需要的资源和财富，人类不可避免地面临着物质财富整体匮乏的局面。到了工业社会，科学技术的发展才开始导致生产力的快速发展，带来了物质文明的巨大进步，正是科学技术的发展催生了工业革命。因为得到了科学技术的支持，工业经济的发展才为人类社会的进步开拓了无限广阔的前景。今天的人们正是生活在用科学技术为人类寻找新能源的巨大努力之中。

马克思曾说："科学是最高意义上的革命力量。"科学技术为人类社会农业、工业这两个创造物质财富的部门的发展提供了

巨大的推动力。科学技术的发展，一方面使得人类在电子、能源、材料等领域的技术不断更新，推动了人类对新资源的使用；另一方面也制造出了更多的物质产品，改进人类的生活和工作方式，甚至引发人们思维和精神的巨大革新。从计算机、手机、网络到太阳能、核能以及基因技术等等，人类生活的便捷和舒适，已经与各个领域的高科技紧密联系在一起。

货币的发明给人类带来的影响是无法估量的。在现代社会中，作为个人，我们无法不跟钱打交道，自然也离不开与钱打交道的金融机构。无论是什么人，如果不掌握一些金融的知识，几乎就是与现代文明绝缘。仅仅是日常生活的需要，我们也应了解一些基本的金融知识，比如理财、典当、债券、股票、期货等。多一点这方面的知识，不仅可以让我们可以更好地享受现代生活，也许还会在某个时候给我们带来意想不到的财富增长。

MULU 目录

目 录 MULU

MULU 目录

目录 MULU

MULU 目录

目录 MULU

第一章
物质财富的
创造——科技
与我们的生活

我们生活所依赖的物质财富全都来自农业和工业两大部门。正是农业的发展才使人类不再完全依靠天然条件生存，工业的发展则使我们的生活更加丰富。马克思曾说："科学是最高意义上的革命力量。"科学技术为人类社会的农业、工业这两个创造物质财富的部门的发展提供了巨大的推动力。

农业的起源

旧石器时代早期，人类过着游猎生活，靠打猎、捕鱼以及采集为生，他们不会生产食物。而到了这个时代的末期，在人类居住的区域里，越来越多的大型哺乳类动物由于气候的变化和人类的捕杀而逐渐灭绝了，人类不得不选择资源较丰富的地方定居下来，狩猎的对象也变成形体较小的哺乳类动物。这时人类的生活开始以采集植物种子为主，其中主要是野生小麦与大麦等谷类。后来，他们还发明出渔叉、刀剑、镰刀以及碾磨谷类的石器。于是人类利用这些工具，摸索栽培作物和饲养家禽的方法，农业便产生了。

蒸汽机
瓦特
1851 伦敦世博会
STEAM ENGINE JAMES WATT
EXPO 1851 LONDON

英国产业革命——工业文明的开始

1765 年英国的哈格里夫斯发明了珍妮纺纱机，拉开产业革命的序幕。随后机器的发明和使用从棉纺织业迅速扩展到采煤、冶金、交通运输等行业。特别是瓦特改良的蒸汽机于 1785 年投入使用后，大大推动了机器的普及和发展。工业生产逐渐由手工操作向机器大工业过渡，人类社会生产力出现了一次质的飞跃。19 世纪，这场革命又扩展到欧洲大陆、北美和日本。工业社会的诞生及其在全球的扩展，是人类社会所经历的一场伟大的社会经济变革。这场变革使人类告别了传统的农业文明，走进了工业文明时代。

世界经济的黏合剂

从 19世纪70年代开始，资本主义世界发生了以电力的广泛应用为主要标志、以重化工业发展为中心的第二次科技革命。电力开始用于带动机器，成为补充和取代蒸汽动力的新能源，人类跨入了电气时代。后来，内燃机的创制和使用促进了火车和轮船的快速发展和普及，使全球进入到火车时代、轮船时代，并且在全球形成了一个庞大的国际交通运输网。与此同时，电报、电话也成功跨越大西洋、印度洋，并迅速遍及全球，形成了迅捷的信息网络。交通和通信的革命就像一剂黏合剂，将越来越多的国家黏合在全球经济体系之中。

第二次世界大战后出现的科学+技术革命

第二次世界大战后，以电子技术为核心的科技革命在世界范围内蓬勃发展并不断扩展。这次科技革命与以往相比，更具有广泛性和全面性。它不仅涉及自然科学中的物理、化学和生物领域，而且直接推动了微电子、新材料、新能源、生物工程以及海洋工程等技术的革命，形成了科学—技术—生产的一体化，是真正意义上的科学指导下的技术革命和技术革命基础上的科学发展。这次科技革命不仅革新了劳动工具，使其实现了自动化，而且革新了劳动对象，出现了多种新型材料，同时它还不可避免地改变了人们的生活方式。其规模之大，影响之深，是前所未有的。

第二次世界大战后生产力的发展

纵观历史，我们不难发现，每次科技上的重大突破都直接间接地给生产力发展以极大的推动。战后科技革命对生产力的促进作用更是空前。随着新能源、新材料的开发和各项新技术的应用，劳动工具日趋自动化，劳动对象日趋人工化。劳动生产率几倍、几十倍，甚至上百倍地提高。人们已充分认识到"科技是第一生产力"，并且越来越重视教育、管理、信息对于生产力发展所起到的不可忽略的作用，这些非实体因素的强化更使生产力的发展如虎添翼，在1946—1970 年的 25 年里，资本主义世界工业生产增长大约 4 倍，年均增长 6% 左右，可谓盛况空前。

农业的发展

让我们重新回到农业这个人类最古老的生产部门。在人类的历史中，农业曾经历过三个发展阶段：首先是原始农业阶段，刀耕火种，完全靠天恩赐；然后是传统农业阶段，主要依靠土地和经验，农业发展依然缓慢；到19世纪末20世纪初，农业开始进入到现代化阶段。尤其是第二次世界大战后在科技革命的推动下，西方各国的农业普遍走上了机械化、化学化、良种化和工业化的现代化之路，农业结构也发生了深刻变化。随着农业开发范围的不断扩大，以及计算机、信息等多种技术的应用，建立在现代生物技术基础上的知识型农业正在大步向我们走来。

绿色革命

20世纪50—60年代，发展中国家兴起了以改良种子和农业管理为中心的农业技术进步活动，称为"绿色革命"。它发轫于矮秆小麦和高产水稻，起源于墨西哥，在国际农业咨询组织的支持下，迅速在许多发展中国家发展起来，并成功地培育出了一批主要粮食作物的优良品种，大幅度地提高了土地的生产效率，及时、有效地缓解了发展中国家人口激增与粮食增长缓慢的矛盾，对于发展中国家的社会经济发展产生了巨大影响。而"绿色革命"的积极推进者——墨西哥国际玉米改良中心主任诺曼·勃劳格也被誉为"绿色革命之父"，并荣获1970年诺贝尔奖。

农业机械化——农业现代化的中心环节

农业机械化包括耕作机械化、灌溉机械化、农副产品加工机械化、畜牧业机械化、植物保护机械化等。实行农业机械化，可以大大提高劳动生产率，节约劳动力，对于提高产量具有重要意义。所以，农业机械化是农业现代化的中心环节。第二次世界大战结束以来，随着机器工业的普及和发展，各国的农业机械开始大幅度增加，并日益向大马力、通用型和高效率发展。战后初期，西欧国家拖拉机的平均功率为25马力（73.55千瓦），20世纪70年代增长到50马力（36.78千瓦），20世纪80年代已达到100多马力（73.55千瓦），现在为500马力（367.75千瓦）以上。此外，在农业机械化的进程中，不仅田间主要作业实现了机械化，辅助作业也实现了机械化。

远看近说澳大利亚农机

澳大利亚地多人少，所以十分重视农业的机械化。目前，其拖拉机与小农具的比例是 1：2.3 左右。大田作业从整地、开垄、种苗，一直到收获、装卸、运输等全过程均实现了机械化操作。畜牧业也从草原建设、饲料播种到畜产品的采集加工等都实现了全过程机械化和自动化。1967 年澳大利亚最大功率的拖拉机为 120 马力（88.26 千瓦），到 1987 年就达到 500 马力（367.75 千瓦）。1957 年用飞机播种、施肥和喷洒农药的面积就达 0.6 万平方千米，1975 年已增至 6.78 万平方千米。另外，澳大利亚农业机械的维修服务也获得了较快发展，无论从厂商还是从农机维修服务中心都可以获得各种农机具的零配件和及时的维修服务。

农业化学化——农业现代化的催化剂

农业化学化包括化肥化、农药化和塑料化。"庄稼一枝花，全靠粪当家"，肥料是农业增产的重要手段。据估计，美国作物的单产增产中 50% ～ 60% 是增施化肥的结果。随着石化工业的迅速发展，化肥的使用量大幅度增加，肥料正向高效、高浓度和复合方向发展。杀虫剂、杀菌剂和除草剂是农业高产的卫士。美国每 1 美元的农药投资增加收益 5 ～ 8 美元。塑料薄膜不仅广泛应用于农业的各个领域，而且还可根据其不同颜色来增产和减少病虫害，如紫色薄膜可使草莓增产，红色透明薄膜可减少作物的病虫害，黑色薄膜可用来抑制杂草的生长等。

日本——从塑料大棚到再生纸大棚

你一定见过塑料薄膜大棚吧？可你知道塑料薄膜可以被再生纸取代用来覆盖栽培吗？日本已经研究成功并运用于生产的再生纸覆盖栽培，不仅集传统的塑料薄膜覆盖栽培技术的多种优点于一身，而且还有利于环境保护、减轻劳动强度，被人们称为"生态膜"。由于在再生纸的生产过程中加入了特殊成分，成品的再生纸呈黑褐色，遮光性、透气性优越，不仅能够防止各种杂草种子萌芽和生长，而且遇高温天气，随着土壤中水分的蒸发，还能带走大量的热量，使土壤温度保持平稳。再生纸的主要成分为植物纤维，使用后无需回收，可直接翻埋于土壤中，还可增加土壤肥力。

农业良种化——农业现代化从"娃娃"抓起

种子是农业的关键和希望，一颗好的种子在农业生产中能达到事半功倍的效果，甚至能改变一个国家的农业的命运。世界各国越来越重视改善农业产品品种和培育具有优异特质的新品种，纷纷建立种子储存、研究、试验和推广机构，利用现代生物技术成果培育、精选和加工农产品种子，并采用人工授精和冷冻精液等技术，选育和推广畜禽良种。"优胜劣汰"的良种化不仅大大缩短了农牧生产时间，而且提高了农牧产品产量。例如，普通的肉牛育肥到500千克至少需要两年半，而良种牛只需一年左右。

袁隆平——以一颗种子改变了世界

"**民**以食为天"，1960年罕见的饥荒使袁隆平真切地懂得了这句话的含义，并且开始研究杂交种子以达到大幅度提高粮食产量的目的。1995年，他担纲攻关的两系杂交水稻宣告成功，每1万平方米增产750～1500千克，而且米质也有了很大的提高。后来，他又扛起研究超级杂交稻的这面大旗，在亩产500千克的基础上再增产50%。这不仅使我国摆脱了饥饿的威胁，而且在世界范围内掀起了"绿色旋风"。

从拉汉育苗中心走出的以色列良种

在黎巴嫩和以色列边界，坐落着一片美丽的建筑群，这就是以色列著名的拉汉育苗中心。在这里，有200多名优秀的农业科技工作者从事着生物工程研究现代化的种苗生产和技术咨询服务工作。经过多年发展，这个中心已经取得了许多先进的成果。该中心从事香蕉组培苗的大量生产已有几十年的历史，此项技术不但保证了母代的全部优良品性，并可人工控制开花期和收获期，以适应市场的需求。该中心培育出的番茄、辣椒等蔬菜品种全部实现了一代杂种化，不但高产、优质、抗病，而且耐贮运，在国际市场上有很强的竞争力。

农业产业化

你也许会感到迷惑,农业本身就是一个产业,何须再被"产业化"?事实上,在现代市场经济下,农业已经摆脱了小规模的经营模式,逐步成长为商品化、流通市场化、技术现代化,产前、产中、产后服务社会化,完全开放的现代农业产业。农业产业化要求农业生产单位或生产地区根据自然条件和社会经济条件的特点,着重发展具有优势的多种产品或某几种产品的专业生产,生产项目趋向专一化。它是社会生产力发展到一定水平后,在农业内部所形成的一种社会分工。简单地说,农业产业化就是"农工商一体化,产加销一条龙"经营的简称。

荷兰——玻璃温室里的农业

温室产业是荷兰最具特色的农业产业。荷兰温室面积占全世界玻璃温室面积的1/4。荷兰是世界人口密度较大的国家之一。为了使有限的土地得到高效的利用，荷兰政府避开生产需要大量光照的禾谷类作物，大力发展园艺作物，并使农业生产向产业化、集约化和机械化的方向发展，现代化的温室农业便顺势发展起来。温室产业广泛采用了高度集约化、专业化、工厂化的农业生产方式，土地生产效率大大提高，荷兰从一个农产品进口国转变为农产品出口国。

法国葡萄产业的产业化经营

你一定听说过法国白兰地，或许还品尝过波尔多和布尔哥尼等著名品牌的葡萄酒。葡萄产业是法国一体化经营程度最高的一个产业。法国大多数葡萄酒加工企业从葡萄种植、加工到销售联成一体，各自都有葡萄园、制酒厂和销售网络。不仅如此，葡萄产业还带动了法国的服务业、运输业，特别是旅游业等第三产业的发展。法国的汉斯市就是一个名副其实的"香槟酒专业城"，其中一家香槟酒加工企业年销售酒 2500 万瓶。该企业的地下酒窖作为旅游景点，每年接待游客 20 万人次，仅此一项收入就达 400 多万法郎。

德大——中国农业产业化的代表

吉林德大有限公司是中国农业产业化的成功典范。它采用先进的科学技术及管理方法，从多个国家引进世界一流的设备从事现代化生产，形成了农、牧、工、商一体化，产销一条龙的生产经营模式，拥有多个先进的种鸡场、孵化场、肉食加工厂、饲料厂、油脂厂、原粮基地、鸡肉熟食加工基地、粮食收储基地等配套企业。德大产品不仅畅销全国，而且已出口到日本、德国、南非、俄罗斯、阿联酋等十几个国家和地区，成为中国农业产业化的典型代表之一。

"种瓜得豆"的奥秘

曾经有人用牛与番茄混交可产生牛奶味的厚皮番茄作为愚人节的笑料，然而今天，这一愚人戏语却真的可能实现。用一种最新的生物技术，就可以使植物和动物像工业品一样，按设计而制造。这种神奇的技术就是转基因技术。简单地说，转基因就是通过对基因的操作，将一种生物的基因运送到另一种生物上，从而使后者获得新的特征。这种技术可突破物种界限，从DNA分子水平上有目的地改造生物，使人类过上更健康、更舒适的生活。从20世纪80年代开始，转基因技术迅猛地发展起来。

英国培育出新型转基因克隆猪

2001年的圣诞节很不寻常，5只新型转基因克隆猪在英国诞生了。这5只雌性小猪是由曾经参与克隆小羊多利的英国PPL医疗公司设于美国弗吉尼亚州的子公司的研究人员培育出来的，它们的特别之处在于体内有一个基因（GT基因）被"关闭"了。GT基因控制产生一种酶，这种酶使猪细胞表面产生一种人类免疫系统不能识别的糖类物质。在"关闭"了这种基因的情况下，当猪的器官或细胞被移植给人体时，就不会出现以往的排异反应，人类就有可能利用转基因技术克隆大量适用于移植手术的器官。这是在异种器官移植研究领域的又一重要进展。

"多利的烦恼"
——转基因技术有利有弊

2002年1月，英国科学家宣布世界第 只克隆羊多利年纪轻轻就得了风湿病。与多利同病相怜的还有很多克隆动物。据不完全统计，克隆动物夭折率高达70%。1998年，英国普斯陶伊教授的一项研究也引起了人们对于转基因食品安全性的疑虑。试验表明，小白鼠在食用转基因土豆后，内脏和免疫系统受到了损害。一方面转基因技术在人类改造自然、品种改良、生物医学等方面越来越显示出优越性；另一方面，转基因作物对人类健康和环境的影响问题以及转基因技术的发展前景还在争论之中。

欧洲畜牧业的"梦魇"

20世纪末，欧洲畜牧业可谓流年不利。1986年，英国首先出现"疯牛病"，主要是因为牛的饲料中含有患了痒病的绵羊的内脏。人类食用感染疯牛病病毒的牛能够患"克雅氏病"。1999年3月，比利时在养鸡场的饲料中发现了过量的剧毒致癌物质二噁英。人类长期接触二噁英可导致一系列疾病，如各类癌症、肝病、糖尿病、免疫系统损害等。随后，欧洲许多国家发现了口蹄疫——猪、牛、羊等偶蹄动物的一种急性、热性、接触性传染病，该病毒能随风传播，还能通过皮肤伤口或饮用染病动物的奶而传染给人。接踵而来的事件不仅让欧洲的农场主们伤透了脑筋，而且也使全世界的人谈"食"色变！

欧洲食品危机是否会蔓延

自从 1986 年英国发现第一例疯牛病，疯牛病便在欧洲呈现蔓延趋势。法国、比利时、荷兰、德国等国家都先后发现病例。比利时也已经查出有 400 个鸡场、500 个猪场、150 个牛场受到二噁英的污染，约占养殖场总数的 1／3。口蹄疫更是突破欧洲大陆的防线随风传播，英国、法国、希腊、土耳其、蒙古、南非、阿根廷等国均发现了口蹄疫病例。全球都受到畜牧业"梦魇"的威胁。尽管绝大多数国家都提高了警惕，禁止从受感染国家和地区进口肉类及动物饲料，但是疾病是没有国界的。食品安全的警钟应该长鸣！

食品安全

在欧洲食品出现危机的同时，世界也正面临着越来越多来自食品污染问题的挑战：因致病微生物污染引发的食源性中毒事件逐渐增多，蔬菜、粮食、肉类食品中的农药残留超标、环境污染等现象时有出现。食品安全问题不仅危害人的健康和安全，还会使食品信誉受到影响。

生态农业——绿色农业

农业作为人类最古老的产业，经历了由原始农业、传统农业向现代农业转变的漫长历程。在现代农业发展过程中，又由"产量型"农业逐渐转向"质量型"农业，现在又迈进了生态农业的新时期。所谓生态农业，简单说，就是在良好的生态条件下的"三高农业"，即高产量、高质量、高效益。它不单纯地着眼于当年产量、当年经济效益，而是追求经济效益、社会效益和生态效益三者的高度统一，使整个农业生产步入可持续发展的良性循环轨道，在青山、绿水、蓝天下，生产出有益健康的绿色食品。

中国的生态农业

中国的生态农业在 20 世纪 80 年代初开始有了发展，经过多年的努力，主要及配套技术都有了很大进步，并且探索出多种种、养、加相结合的发展模式。中国生态农业的建设典范要算是基塘遍布的广东省珠江三角洲地区了。在桑基鱼塘的生态系统中，桑是初级生产者，蚕是一级消费者，蚕丝作为轻工业原料输出生态系统，吃食蚕沙的塘鱼是二级消费者，鱼塘中的微生物是分解者，可以消化鱼的排泄物和鱼吃剩下来的蚕沙，塘泥可作为桑田的肥料，这样就形成了一个物质循环利用系统，达到了多层次的综合利用，取得了能源、环境、生产的综合效益。

蓝色农业——未来的海洋牧场

"**海**漫漫，直下无底旁无边。"海洋是人类生命的摇篮，占地球面积的 70.8%，拥有地球上 3000 万物种中的 99%。海洋中的许多生物资源都是饮食、煤业、医药、畜牧业等部门的重要原料，可养活约 300 亿人，可谓人类 21 世纪的第二粮仓。以开发海洋生物资源为主的农业即为蓝色农业。随着科学技术的不断发展，利用海水直接灌溉农作物已不再是梦想，在蓝色的海洋中耕作、放牧也成为世界各国缓解资源枯竭和环境恶化的手段之一。可以预见，发展蓝色农业，向海洋要食物、要蛋白、要药品，将是人类未来生存和发展的主要出路。

日本的海洋牧场

日本人多地少，故十分重视发展海洋农业。1989年，日本利用现代生物工程和电子学等先进技术，研制成功一种新型人工浮动鱼礁。这种鱼礁具有光纤照明装置，可以引诱鱼群。通过人工育苗、饲养和集结鱼群，使鱼群在茫茫大海中也能像"羊圈里的羊"那样驯服。当浮在海面上的机器人发出喂食的声波信号时，鱼类就能集中到机器人周围形成渔场。在海洋牧场里，还可利用生物工程技术增产雌鱼、改良品种，创造既高产又优质的鱼类，并通过通信卫星获得有关海流、渔场等信息，以保证渔业丰收。

工厂化农业——农业新概念

以往一提起农业，人们总会自然地想到一位憨厚的老农手拿锄头面朝黄土背朝天地在田间耕作。现代化的农业给人们展示的是另外一幅完全不同的画面：一排排智能玻璃温室、全封闭的畜禽工厂和在计算机前监控作物的专业技术人员，这就是工厂化农业。目前，工厂化农业主要有智能化温室、集约化的畜禽工厂、高产的试管工厂以及微生物和单细胞的发酵工厂等类型。它不受自然环境影响，劳动生产率高，无污染，科技含量大，广泛应用了新材料、新技术和新设备，是21世纪农业的新概念。

长在橡胶管子上的苹果

你见过橡胶管上长苹果吗？英国达雷卡的设备农业工程公司发明了一种工厂化栽培果树的新方法,此法不是把果树栽在土壤中,而是把枝条插在橡胶管上,合成营养液通过橡胶管输送到各个枝条上,每一根枝条都能像在树上一样开花结果,当果实成熟后,只需在胶管中输入脱落素,果子则自行脱落收获。每根果树枝可以用2～3茬,一年能收获3～5次。这个公司已用苹果树枝、梨树枝、桃子树枝建起了试验生产线,硕果累累。有了这项技术,一些果树就可以不受环境限制,在一切少土或无土的地方也可获高产,而且不受农时季节约束,想种就种。

白色农业——利用微生物进行生产

白色农业是指利用微生物资源进行生产的农业，即高科技生物工程。生产者穿着白色工作服，在洁净的厂房工作，故称"白色"农业。它改变了传统以动物、植物生产为主的"二维农业结构"，形成动物、植物、微生物三者并重的"三维农业结构"，节约了土地、水和其他资源，而且不造成环境污染。利用微生物发酵，农作物秸秆、农业废弃物可以转化成饲料，也可转变成优质的微生物肥料。此外，微生物农药高效、安全、无残留，利于生态平衡。白色农业把传统农业"向阳光、土地要粮"的生产方式，转变为"向秸秆要粮、向废弃物要粮"，是农业可持续发展的方向。

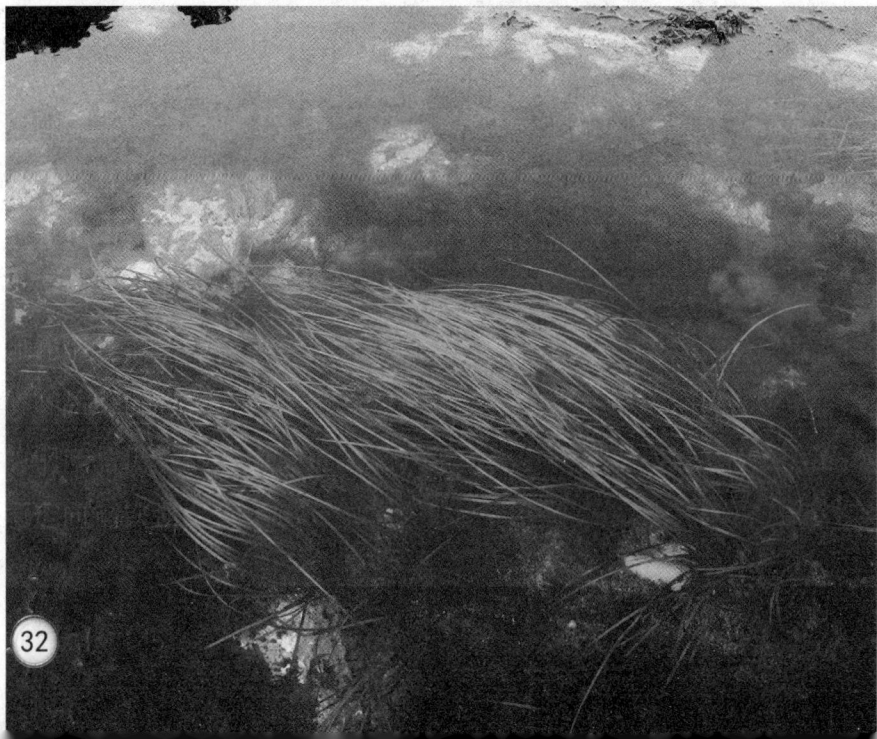

小沼气作出大贡献

有人计算过，建一套"四位一体"沼气工程，每年因节柴减少开支 420 元；沼渣、沼液作为肥料使用，减少化肥开支 100 元；每年减少电费开支 72 元；节省劳动日 20 个，可创收 200 元以上；沼液防治病虫害，节约农药 20 元；利用沼液叶面喷肥增产粮食可增收 120 元。一口沼气池每年为农户增加纯收入约 1000 元。并且，一口冬暖式沼气池每年生产的沼气能满足五口之家 10 个月的生活燃料，年节柴能力达 2.1 吨，可使 1333.3 平方米森林得到保护。

精准农业——应用卫星定位技术的农业

以往农业具有分散性高、可控性差和规范化程度低等行业性弱点。人们为了节约成本，对于不同条件的不同地块往往都会"一视同仁"地耕作，导致有的地方"吃不饱"，有的地方又"吃得太饱"。而精准农业就能解决这个问题。它借助于 3S 技术，即遥感（RS）、地理信息系统（GIS）和全球定位系统（GPS），及时准确地获得当时土地的必要数据，再根据各因素在控制作物生长中的作用及其相互关系，迅速作出恰当的管理决策，控制对作物的投入。这不仅能使耕作因"物"而异，更加科学、准确，而且还能降低成本，减轻环境污染，可谓一举多得。

美国精准农业模式

1993年美国开始试行精准农业模式，目前美国20%耕地、80%大农场都已实行精准农业操作。在美国的大型农场上，农场主应用GPS取样器将田块按坐标分格取样，0.5万～2万平方米取一土壤样品，分析其土壤性状和养分含量。再应用GPS和GIS生成该地块的地形图、土壤图、各年的土壤养分图等。同时在联合收割机上装备GPS接收器和产量测定仪，在收获时，每隔1.2秒GPS定点1次记载下当时当地的产量，然后用GIS制成当季产量图，所有这些资料均用来作为下一年施肥种类和数量的决策参考。施肥控制在米级上（如10～30米），喷洒农药与除草剂要求厘米级的精度。

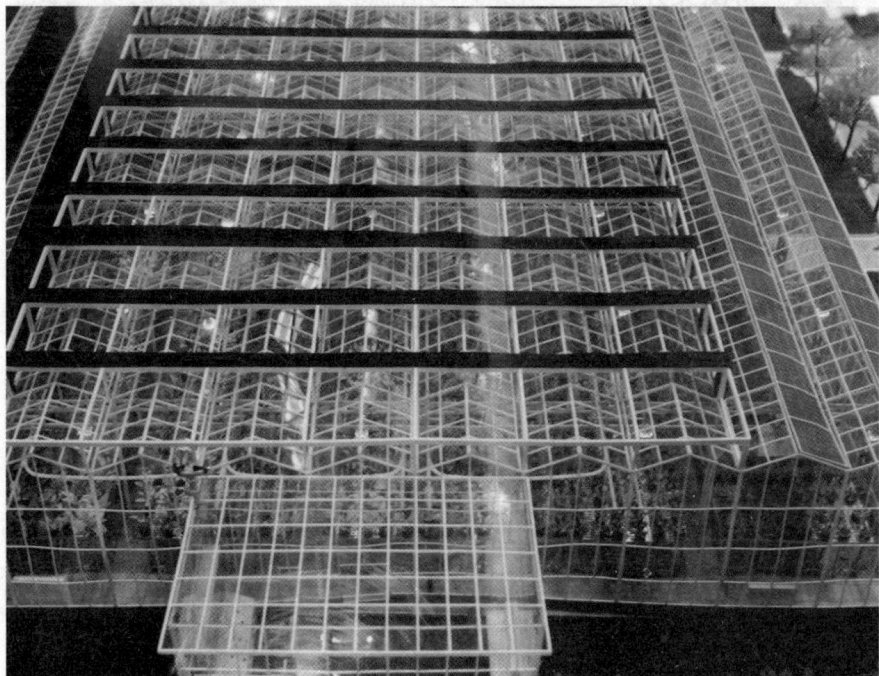

信息农业——计算机
唱主角的现代农业

目前，在农村广泛地流传着这样几句顺口溜："当今科技就是好，种地也能用电脑""种地用电脑，庄稼能长好"。中国至少已有400多万农户受益于信息农业。所谓信息农业就是指生产的各个环节都在科学数据指导下进行的农业。农业信息技术包括农业信息网络、农业数据库系统、农业专家系统、多媒体技术等诸多领域。它可以全方位科学地指导从选种到收割过程中的每一个环节，起到事半功倍的效果。随着这些高新技术日趋普及，农民在家里就能上网直接获得图文并茂、生动形象的信息。计算机唱主角的现代农业时代真正到来了！

美国和法国——信息农业唱主角

美国是世界上重要的农产品生产国和最大的出口国，也是信息高速公路的发起国和信息技术的领先国。美国政府发起建设信息高速公路后，计算机网络技术在美国农业领域迅速普及，已有67%的农户拥有计算机，其中27%使用了网络技术。农户在网上就可以查询信息，完成购买原材料和销售产品的过程。法国是欧盟内第一农业大国，也是世界主要农产品和食品出口国。在法国，50%农场主使用计算机，一些经营规模较大的农场主已经利用互联网开展电子商务活动。如《法国农业》杂志社办有自己的局域网，其订户均可免费上网查询信息和进行农业技术咨询。

订单农业——农村经济的一次革命

随着市场经济的不断发展，农产品的相对过剩及买方市场的出现，竞争空前激烈。为了找到一种能让农民按照市场需求进行标准化生产的途径，订单农业应运而生。所谓订单农业，也称合同农业或契约农业，是指农户在农业生产经营过程中，按照与客户签订的合同组织安排生产的一种农业产销模式。它通过订单的形式把市场需求反映出来，规定农民按订单价格向收购商销售产品，从而将千家万户的小生产与千变万化的大市场有效地对接起来。

都市农业——城市的后花园

你能想象生活在一个驱逐了绿色，到处是混凝土"森林"的城市里会是什么样子吗？如果不发展都市农业，那么从自然游离出来的城市人的未来生活就将无法摆脱这种荒芜。人们普遍认为农业就是为人类提供优质多样的食品。其实，农业还有不可忽视的生态功能，以及文化和社会诸多方面的功能。据专家估算，1万平方米绿地的降温效果相当于500台空调。都市农业正是在经济发达的大城市及其周边地区通过集约化来弥补土地资源相对缺乏的劣势，同时发挥信息发达和设施现代化的优势来进行绿色食品的生产，以及创造一种人与自然和谐的净、美、绿的生态环境。

工业结构的变化

在现代社会中，工业一直在国民经济中处于主导和核心的地位。工业的内部结构随着科学技术的发展已经经历了三次重大变化。18世纪末发生的以蒸汽机的发明和应用为标志的工业革命，使西方国家走上了以轻工业为主的工业化道路。随着机器在轻纺工业中的运用，机械工业及为其提供原材料和动力的钢铁、煤炭、石油等重化工业得到了大发展，于是重化工业逐渐成为工业结构的重心。但是重化工业的发展导致能源危机和环境污染，所以发达国家开始大力发展节约资源的技术和知识密集型产业。工业结构的重心由重化工业转向高科技产业。

朝阳产业、夕阳产业

顾名思义,朝阳产业是指技术不断成熟、平均成本不断下降、产业规模不断扩大、市场需求不断增加的新兴产业,比如电子通信、生物工程等。也就是说,这些产业如朝阳般冉冉升起。夕阳产业则恰恰相反,是指技术持续老化、需求萎缩、产业规模逐渐缩小,得不到政府的扶持,也没有某项技术重大突破来改变原有的技术条件而即将退出市场的产业或产业群。当然,夕阳产业也可以在出现重大技术突破的条件下重新焕发青春,进入另一产业生命周期。

从劳动密集型到技术密集型

劳动密集型产业是指在其生产过程中资本、知识所占的比重较少,劳动特别是体力劳动所占的比重较大的产业。例如,纺织、制革、服装、食品等产业都属于比较典型的劳动密集型产业。技术密集型产业是指在其生产过程中对知识技术的依赖程度大,即知识含量高、脑力劳动所占比重比较大的产业。例如,航天、生物、高分子材料、信息、电子计算机等。产业从劳动密集型向技术密集型转变,反映了一国经济发展水平不断提高的过程,是走向现代发达社会的必由之路。

工业结构软化

第二次世界大战后，随着科学技术的不断进步，各国纷纷提高了对高科技产业的重视。发达国家的工业重心逐渐从重化工业转向高科技工业，从劳动密集型工业转向知识和技术密集型工业，科技投资和智力投入大幅度提高，整个工业正在向自动化、高科技化和智能化方向发展。也就是说，工业结构中劳动和资源等"硬"要素的作用下降，知识和技术等"软"要素的地位上升了，这一趋势被称为工业结构软化。虽然这一趋势十分有利于高科技产业的发展，但是由于它对劳动者技术水平的要求提高了，不可避免地造成了结构性失业。同时，工业结构软化给发达国家带来的另一个问题就是产业空心化。

产业空心化

马克思曾经说过，科学是最高意义上的革命力量。面对日益激烈的竞争，世界各国纷纷把高科技产业作为竞争中的一个筹码，集中国内的人力、物力、财力对其研究和开发。与此同时，西方发达国家还把劳动成本高、资源消耗大并且环境污染严重的传统产业或夕阳产业转移到发展中国家，以便于自己一心一意地"搞科研"。可是这样做的结果往往是使本国的纺织、钢铁、造船、煤炭等基础性工业日益衰落，使高科技产业的发展处于"悬空"状态，整个工业发展处于"空心"状态，使整个国民经济发展对外的依赖性加强了。

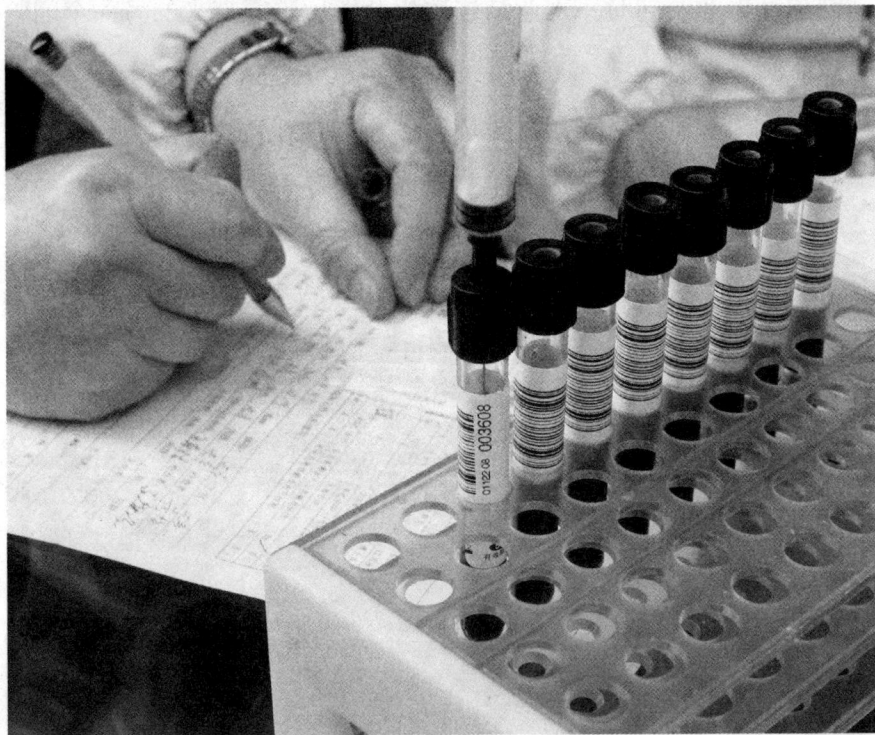

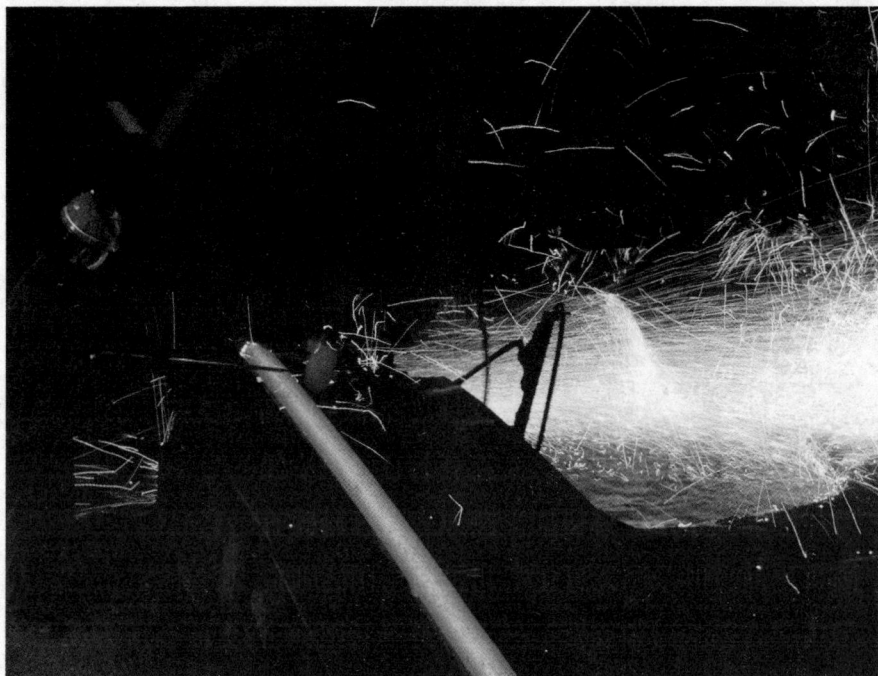

中国钢铁业的悲喜

发达国家向发展中国家转移传统产业,对于发展中国家来说,可谓喜忧参半。喜的是借此增加了引进外资和技术的机会,可以促进本国经济技术的发展。忧的是这会使发展中国家的产业结构升级较慢和环境污染加重。自从 1996 年钢产量突破 1 亿吨大关以来,中国已经连续多年保持世界第一钢铁大国的地位。但中国并不是钢铁工业的技术强国,在现有的钢材产品结构中,低附加值产品所占的比重较大,在国际市场上缺乏竞争力。一些高附加值的钢产品仍然需要进口来满足国内需求。如今,中国正在从钢铁大国走向钢铁强国。

第二次世界大战后技术革命的新特点

第二次世界大战后，以电子技术为核心的科技革命在众多领域展开。其中，以电子技术、新能源技术和新材料技术的变革最为瞩目。电子计算机和机器人的出现与普及，改变了人们的生产和生活方式，把人类带入了一个自动化和智能化的世界；核能、太阳能、生物能、风能、潮汐能、地热能和波力能等新能源的开发和利用，使人们在能源日益枯竭的今天看到了生存的希望；各种材料的不断更新给人们提供了更为舒适、科学的生活……随着各种新技术的不断发展，我们有理由相信明天会更好。

尤里卡计划

尤里卡 (ERCA) 是"欧洲研究协调机构"（European Research Coordination Agency）的英文缩写。1983 年 7 月 17 日，在法国前总统密特朗的倡议下，西欧 17 个国家和欧共体委员会成员国的外交部部长和科技部部长在法国首都巴黎召开了会议，正式提出了"尤里卡计划"。西欧各国领导人希望"欧洲团结在一项伟大工程的周围"，缩小与美国和日本在新兴科学技术领域的差距，使欧洲在经济上振兴，在政治上独立，重现昔日辉煌。"众人拾柴火焰高"，经过了 10 多年的发展历程，尤里卡计划已跨越九大领域，共有 800 多个项目，累计投资约 150 亿欧元，参加联合攻关计划的企业、研究机构和大学达 3500 多个。

中国的 "863 计划"

1986 年 3 月 3 日，王大珩、王淦昌、杨嘉墀、陈芳允四位老科学家给中央领导写信，提出要跟踪世界先进水平，发展中国的高科技的建议。经过严格的科学和技术论证后，中共中央、国务院批准了《高技术研究发展计划（863 计划）纲要》，其目标是坚持"有限目标，突出重点"的方针，集中少部分精干力量，在生物技术、航天技术、信息技术、激光技术、自动化技术、能源技术和新材料技术 7 个领域（1996 年增加了海洋技术领域），瞄准世界前沿，缩小与发达国家差距，带动相关领域的科技进步，造就一批新一代高水平技术人才，为未来形成高技术产业创造条件。

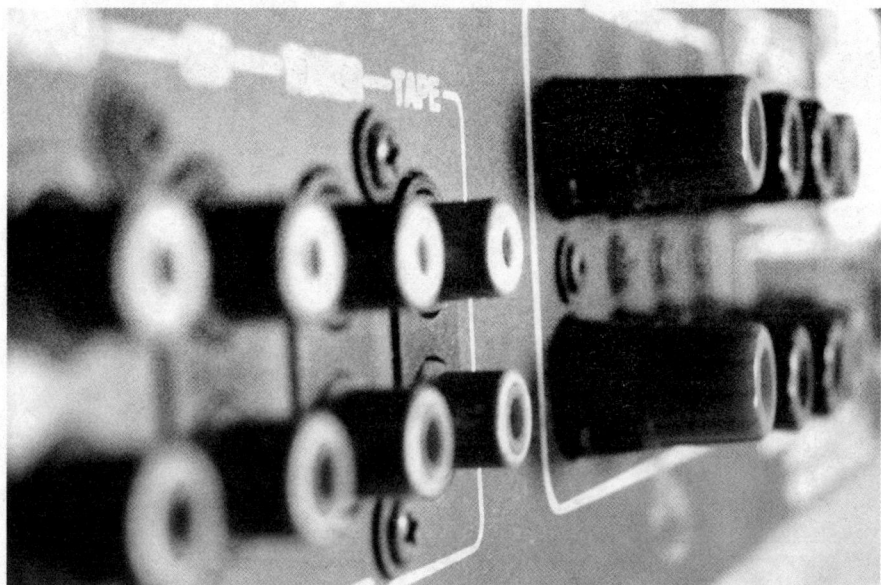

电子技术——更快、更新、更便捷

电子技术是第二次世界大战后技术革命的核心，它以极快的速度被运用到经济和社会生活的各个领域，并产生了极其深远的影响，故有人把第二次世界大战后技术革命所开辟的时代称为电子时代。在电子技术的应用中，电子计算机和机器人的发展最为迅速。从1946年世界上第一台电子计算机制成开始，计算机以破竹之势向高速度、大容量、微型化和普及化发展，彻底改变着这个世界。多种机器人的出现代替并延伸着人类的劳动，并能最大限度地节约时间、能源和材料，从而成为改造、革新物质生产和社会生活的重要力量。

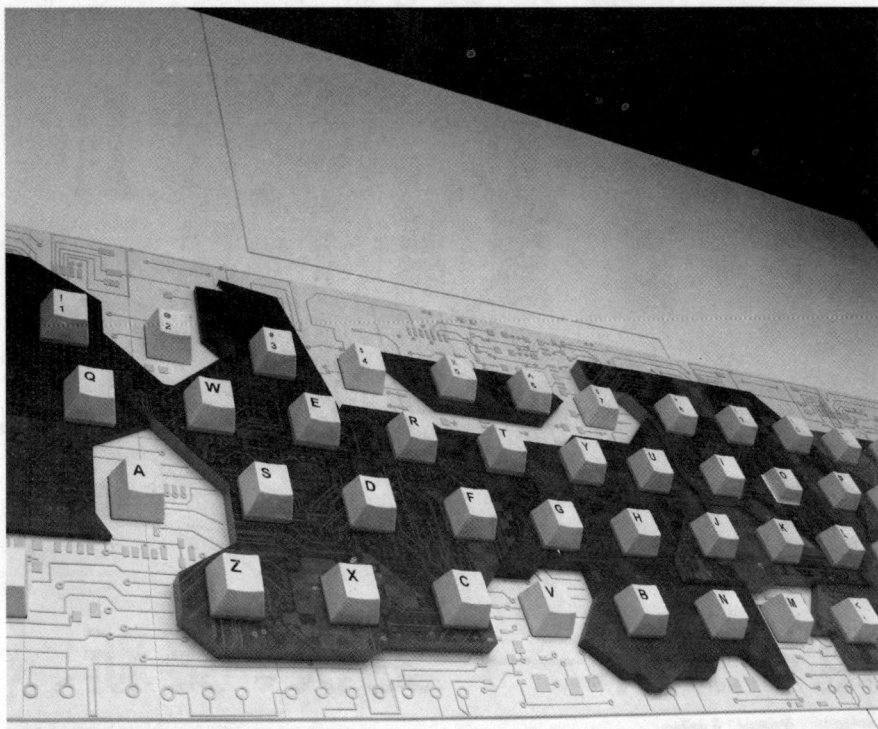

计算机技术与"三A革命"

从占地面积达140平方米的第一台计算机到今天的掌上电脑，计算机越来越小型化；从 DOS 到 Windows，计算机越来越智能化、大众化；从一台计算机到无限大的计算机网络，人们惊叹："拥有了网络，你便拥有了整个世界！"计算机技术彻底更新了人们接触世界的方式。工厂自动化（Factory Automation）、办公室自动化（Office Automation）和家庭自动化（Home Automation）的"三 A 革命"成为人们生活的真实写照。在电子计算机飞速发展的同时，光控计算机和生物计算机也即将为人类历史翻开新的一页，你准备好了吗？

未来网络——5W 的实现

"**今**天你上网了吗？"是新新人类的口头语，电子邮件已部分取代普通的邮政通信成为人们交往的重要联系方式。现代人的生活都是在"网中央"进行的。电话、有线电视和数据有各自不同的网络，随着多媒体网络的建立和日趋成熟，三网融合甚至多网融合是未来网络的发展方向。"5W"的通信和网络目标不久就要实现：任何人（Whoever）在任何时间（Whenever）、在任何地方（Wherever）都可以和任何一个其他人（Whomever）通过网络进行通信，传送任何信息（Whatever）。

机器人与我们的生活

你能想象吗？在医院的手术台前，机器人在为病人做开颅手术；在远离地球的月球表面，机器人在代替人类采集标本；在未来的战场上，一种体积宛如昆虫的武器，竟能使一座城市的电力系统全部瘫痪……这些并非是科学幻想，而是正在或将要成为的现实。被称为人类生活和生产"最忠实的伴侣"的机器人，近几年来发展迅速，种类繁多，已粗具规模。已经用于生活和生产的机器人有农业机器人、特种工作机器人、医疗机器人、体育机器人、讲解机器人、服务机器人、战场机器人等。

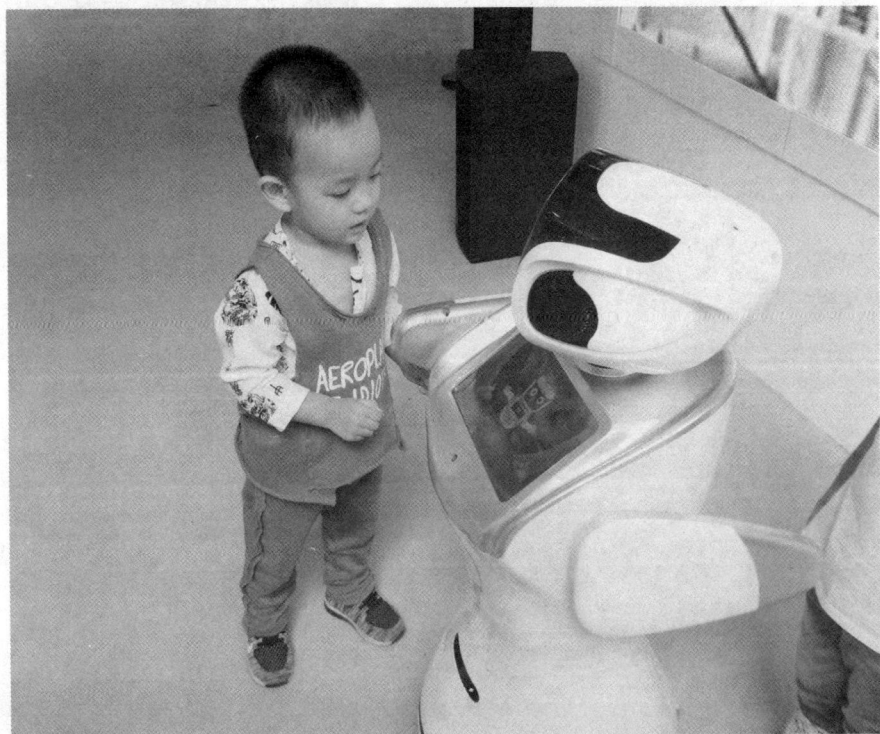

美国——机器人的领头羊

美国的机器人技术一直是最先进的。例如，美国研制出了世界上最小的机器人，这部机器人重量不到 1 盎司（约 28.35 克），体积为 1/4 立方英寸（约 4 立方厘米），它还拥有一个智慧的"大脑"——8KROM 处理器，以及灵活的"腿"——皮带传动装置，它可以代替人去完成许多危险的工作，如排雷或寻找失踪者。名为"阿富汗探险者"的机器人是代替人类深入战场和其他危险地带进行采访的好帮手。美国还研制出一种机器金枪鱼，它身长 6 米，可以横渡大西洋漫长的海域。它可以用来测量海水的温度、密度和流速，并把这些数据通过卫星传送到世界各地。

日本——机器人的王国

日本在机器人的发明与应用上也一直处于领先地位。日本十分重视机器人功能方面的开发与应用。例如，日本研制出会弹钢琴的机器人，它能在钢琴前用娴熟的技法弹奏音乐，曾同日本ＮＨＫ广播乐团同台演出，一曲终了，掌声雷动；名叫"利萨"的机械手可是一位经验丰富的外科大夫，它已经为近30位病人做过手术。在手术中，"利萨"负责"抓"着摄像头，"听"着大夫发出的"上、下、左、右"的指令进行操作。

机器人足球赛——小平台上的高新技术战争

机器人足球赛的最大特点是在比赛过程中，机器人球队通过事先编制的合作与协调策略程序完全独立、自主地进行比赛。不但要有强壮的硬件系统，还要有随机应变的策略软件系统，它包含多种 21 世纪重点攻关技术，因此被称作"小平台上的高新技术战争"。中国队在历届比赛中均表现出色，尤其是在 2002 年的第六届世界杯机器人足球赛上，经过与来自 9 个国家的 40 支机器人足球队进行为期 5 天的激烈竞争后，中国队获得了 9 个项目中的 8 项冠军。

新能源的开发与利用

自从人类学会利用煤炭和石油，便开始肆无忌惮地消耗起这些自然界用几亿年积累起来的财富。于是，在短短数百年之后的今天，人类便不得不研究开发新能源来应付常规能源的日益枯竭。所谓新能源，是相对于煤炭、石油、天然气等常规能源而言的，主要是指核能、太阳能、生物能、风能、地热能、潮汐能、波力能和氢能等可再生能源。随着技术的进步，电动汽车、太阳能汽车会交错地奔驰在道路上；太阳能飞机、激光动力飞机同时飞翔于天空；风力电厂、太阳能电厂、生物能源电厂为生产、生活提供需要的电力。未来将是一个五彩缤纷多元化的能源世界！

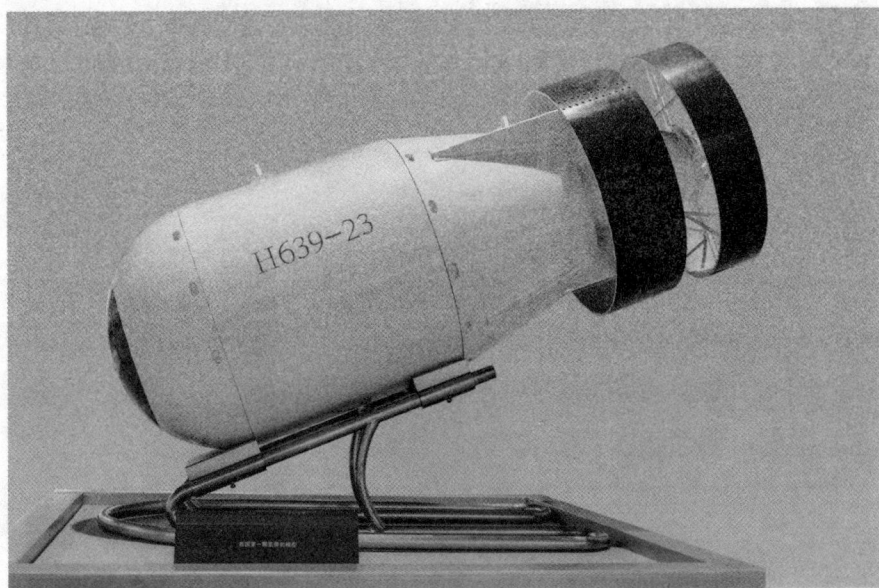

氢能——21 世纪的理想能源

有人说，氢气将成为 21 世纪最理想的洁净能源，这是因为氢气燃烧后产物是水，不仅不会污染环境，还可重复利用。氢气燃烧时放出的热能要比汽油大 2 倍。同时，因为它比汽油、天然气等燃料轻，便于运输，所以还是火箭等高速飞行工具最适合的燃料。广泛利用氢能的前提是可以低成本、低能耗生产氢。传统的电解水或从石油、煤炭和天然气中制取氢都要消耗大量能源。由于科学技术的进步，已开发出多种低能耗、低成本的制氢方法，例如利用阳光分解水制氢、发明于 20 世纪 70 年代的光电解法、利用微生物在光合作用下释放出氢气等。

核电时代

1945 年，原子弹在日本广岛上空爆炸，震惊了全世界。1954 年 6 月，苏联建成了第一座商用核电站，标志着人类和平利用原子能的开始。由于核电能量巨大、成本较低，并且有利于环境保护，所以经过半个世纪的发展，它已成为世界能源结构的重要组成部分之一。全世界现有 433 座核电机组在运行，总装机容量为 3.49 亿千瓦，核电占全球总电力生产量的 16.1%，人类已经进入了核电时代。为迎接未来世界对核电不断增长的需求，各国正在开发先进的反应堆和燃料循环技术。可以预见，核电产业的未来一片光明。

核电在中国

中国核电事业的发展是从改革开放以后开始的。1981年11月，国务院正式批准在浙江秦山建造300MW压水堆型核电站。这是中国自行设计、建造、运行和管理的第一座核电站，已于1991年12月并网发电。从法国引进的装机容量为2×900MW压水堆型核电站，1994年在广东大亚湾建成并网发电。大亚湾核电站完全按照国际核电站管理方式进行管理，运行状况良好。中国还制定了核电中长期发展规划。核电的发展改变了发电能源结构，减轻了煤炭运输压力，为满足中国经济发展对电力日益增长的需求起到了重要作用。

切尔诺贝利的悲哀

切尔诺贝利事故是核电站发生的最大的灾难性事故。1986 年 4 月 25 日，苏联切尔诺贝利 4 号机组在低功率工作试验过程中，形成失控性不稳定状况，进而引起爆炸和起火，大量放射性气体向周围释放。火势持续了 10 天才被扑灭，放射性物质释放随后停止。事故发生后，4 个月内共有 30 名电厂工作人员和消防队员死于爆炸或辐射，134 人被诊断为急性放射病者，有 30 多万人从反应堆周围地区迁走。切尔诺贝利事故为世界敲响了警钟，各国均把安全作为核电站建设的首要问题。但人类决不能因噎废食，今后的核电将是更为清洁安全的能源。

太阳能

太阳能是大自然对人类最无私的恩赐。太阳能来源于太阳上发生的高温核聚变反应，虽然太阳向宇宙空间发散的巨大能量中真正照射到地球表面的仅占其总能量的四十亿分之一，但却相当于世界总发电量的几十万倍。而且，太阳能不产生任何污染，是一种洁净的可再生能源。由于太阳能的密度很小，并且随时间和天气的变化而变化，所以使用起来较为不便。人们一直在不断地探索、寻求更经济、高效地利用太阳能的方法。太阳能应用较为广泛的就是利用太阳能加热和发电。各国研究利用太阳能来制氢，以此开辟出廉价制氢的道路。

生物质能

在植物、人畜遗骨和人畜粪便，甚至部分垃圾、淤泥中包含一种通过光合作用而形成的有机物，叫作生物质。在生物质内部储存着由太阳能转化来的化学能，在一定条件下，这些化学能便可释放出来，为人类所利用，成为生物质能。由于生物质能不仅可再生，而且还能够变废为宝，所以它也是绿色能源中的一种。这种能源随着每天植物固定下来的太阳辐射能的增加而增加，所以是相当巨大的。人类通常将生物质能作为燃料使用，或者是将其转化为沼气、酒精等可燃物质，作为化工工业的原材料。

当代的"风车王国"
——丹麦

由于环境的恶化，以及 20 世纪 70 年代"石油危机"的冲击，越来越多的国家认识到风能在实现可持续发展中的重大作用。人们常说，荷兰是风车王国。但若以现代发电风车而论，"风车王国"的桂冠当属丹麦。早在百年之前，丹麦就制成了世界上第一个发电风轮。从此风轮技术不断进步，产品多次更新换代。今天，丹麦已发展成为世界风能发电大国和发电风轮生产大国。1999 年，丹麦的风轮产值占世界风轮市场的一半。随着技术进步和环保事业的发展，风能发电成本逐渐降低，完全可以与燃能发电竞争。可以预见，悠悠风轮将在越来越多的绿色家园旋转。

地热能

你一定知道，我们脚下看似四平八稳的地球，其内"心"其实是一个"翻江倒海"的世界。地球内部不断发生放射性化学元素衰变，使地心温度高达 5000℃以上。地球表层的板块间碰撞也会产生超高温。据估计，这些总量巨大的地热能相当于地球全部贮煤所含能量的 1.7 亿倍，全部石油所含能量的 50 多亿倍！这对于日益缺乏能源的人类来说，好比雪中送炭。地热能除了用作热能和发电以外，地热水还可以用于农业灌溉、治疗皮肤病和杀死寄生虫。地热资源在地球上分布很不均匀。有趣的是，地处北极附近气候寒冷的冰岛却富含地热能量，地热喷泉是其旅游业的招牌项目之一。

潮汐——加拿大人的 "绿色" 发电机

　　——提起潮汐，大概人们首先想到的便是大自然的神秘。其实，潮汐不仅只是一道美丽的风景，更是一种造福于人类的环保型能源。加拿大温哥华的一家名为蓝色能源的公司已开发出一种可以利用潮汐涨落产生电能的发电机。这种新开发的发电机名为戴维斯水轮机，它无须任何燃料，运转成本低廉，初步发电成本为每千瓦·时 6 美分（约 0.44 元），逐渐改进后成本会更低。这种发电机不会产生燃烧废气或废料，属于环保机型。根据专家预计，它在 50 多年中将避免释放二氧化碳达 350 吨。这种 "绿色" 发电机已在菲律宾等地正式投入使用，并获得了良好的社会和经济效益。

波力能

还记得电影《泰坦尼克号》中汹涌的海水冲进船舱的场面吗？除了为男女主人公的命运担忧以外，你一定还惊叹于海水骇人的力量吧！不错，有人测试，5米左右的海浪每平方米可托起10吨重物。就连1700吨重的岩石也能被海浪掀翻！人类从20世纪60年代开始研究利用海浪发电，并称之为"波力能"。日本、英国、美国、挪威和瑞典在利用波力能发电方面处于领先水平。据估计，地球上海浪中拥有的总能量可高达上百亿度电能。因此，波力能又为人类开创了一个广阔的能源空间。

绿色能源在中国

面对能源危机，中国也充分利用起太阳能、风能、生物质能、地热能、潮汐能、波力能和氢能等这些洁净又可再生的绿色能源。在太阳能的热利用方面，中国西南、西北地区应用较多。内蒙古、西藏、甘肃等地也建成了太阳能发电站。中国的风能和地热能都很丰富且有了一定的利用，沿海地区已有1000多台风力提水机在应用，地热资源区就有近3000个。生物质能在中国能源消费占14%，是农牧民的主要生活燃料。同时，中国有漫长的海岸线，蕴藏着丰富的潮汐能、波力能。在浙江温岭，有居世界第三位的江厦潮汐发电站。

新材料

纵观人类进步的历史，每一项重大技术的发明，往往都依赖新材料的发展。材料的开发运用，成为支撑人类物质文明大厦的坚实基础。目前，各种新型先进材料的开发正在加速，并逐渐向高性能化、功能化、复合化方向发展。金属材料中出现了许多合金金属，其强度、纯度、韧度均高，而且耐高温、耐腐蚀，是航天、化工、电力、轻纺的重要材料。高分子材料中涤纶、锦纶、腈纶、丙纶、维纶和氯纶"六大纶"在人们的日常生活中应用越来越广泛。纳米材料的出现更是一次重大的突破，给本来就绚丽夺目的材料世界锦上添花。

三栖金属——钛

自从 20 世纪 50 年代钛问世以来，这种闪耀着银白色光泽的金属就引起了人们极大的关注。它许多独一无二的特性在军事和民用工业中获得广泛应用。钛有空气、陆地、海洋"三栖金属"之称。首先，钛的密度小，介于铁、铝之间，而且钛的强度高，所以它是宇航工业的理想材料。其次，钛具有良好的抗腐蚀能力，可替代不锈钢、铜、镍，大量应用于航海、石油、化工、医药领域。另外，钛具有很好的生物兼容性，使用寿命长，并且没有磁性，于是它可以作为生物医用材料制造植入人体的人造骨和关节。

"六大纶" 的辉煌

提起涤纶、锦纶、腈纶、丙纶、维纶和氯纶，也许你会感到陌生，但只要看看周围的衣服、地毯、蚊帐，你就会发现原来你和这"六大纶"天天见面。第二次世界大战后，合成纤维的广泛应用是纺织原料上的重大革命。它在短短几十年中走过了由奢侈品、代用品到普及品的历程，成为现在人们的主要衣着材料。锦纶纺成的尼龙丝袜美观耐磨，广受青睐，刚问世时每双卖到 1000 美元；涤纶俗称"的确良"，坚固挺括，是颇受欢迎的衬衣原料；替代羊毛的腈纶，柔软保暖；"合成棉花"维纶的吸湿强度是棉花的 2 倍；比棉花还轻的丙纶广泛应用于制造毛毯、地毯、渔网和蚊帐。

纳米材料

纳米材料是新材料技术发展中一朵最引人注目的浪花。1 纳米 $=1 \times 10^{-9}$ 米，纳米材料就是大小为 $1 \times 10^{-10} \sim 1 \times 10^{-7}$ 米的材料。纳米材料是一种既不同于晶体材料，也不同于非晶体材料的第三类固体材料。一种很普通的材料，只要将其制成纳米材料之后，就会具有很特殊的物理性质。例如：所有的金属被细分到纳米微粒时，将失去绚丽的光彩而成为黑体；本来不发光的硅片被变为纳米材料后就能发出强烈的可见光；铜到纳米级就不导电，而绝缘的二氧化硅在 20 纳米时就开始导电。

第二章
创造财富的润滑剂和财富的聚集所——金融

金融是什么？是文明的血脉，是召唤财富的魔法。它不知疲倦地辛苦劳作着，让人类的财富从经济的聚宝盆中奔涌而出。本章将带领各位走进金融的世界。

金融者，融金也

说起金融，可谓是无人不知，无人不晓。金融机构、金融风暴、金融危机……谁都可以举出一大堆这样的例子来。可是，到底什么是金融呢？金融，顾名思义，就是资金融通的简称，严格来说，就是与货币流通和信用有关的各种活动。金融一词源于希腊文，原意是支付。在中国，这个词最早出现于辛亥革命时期。1915年的《词源》把金融解释为"今谓金钱之融通曰金融，旧称银根"，把金融和财政区分开来。尽管金融不能直接创造财富，而且从表面上来看好像只是财富的简单转移，但这一来一回却有无穷的奥妙寓于其中。

文明车轮的润滑剂

自从人类出现，人类的文明就一直在发展，无论是黑暗的中世纪，还是野蛮的焚书坑儒，都不能阻止其发展。广袤的大地、高耸的雄峰、神秘的海洋都布满了人类文明的烙印。回首过去，不难发现，文明越进步，金融行业就越发达。文明的飞跃带动了金融的发展，金融的成长也推动了文明的进步，有了金融的润滑，文明得以快速发展。

财富的炼金术

水是生命的源泉，古老的文明中心都发源于大河两侧。千百年过去了，河水依然平静，而她哺育的人类社会却发生了翻天覆地的变化。货币就是经济世界的生命之水，所到之处无不欣欣向荣、生机盎然。金融的意义就在于提供更加便利的输水通道，加速水的流动，为饥渴的大地带去甘露，使财富像雨后春笋般生长出来，仿佛有神奇的魔法一般。此外，现代金融还创造了冒险的天堂，在那里，财富可以瞬间放大几十倍、几百倍，也可以在一秒钟内化为乌有。尽管这一切仿若虚幻的炼金术，人类的智慧却最终把它们变成了现实。

金融史上的第一大发明
——货币

有了一般等价物，交换似乎就可以顺利进行了。其实不然，这些一般等价物各自有着不同的缺点，绵羊会死，牛皮会腐烂，贝壳也容易损坏，交换时常常受到这些缺陷的阻碍。慢慢地，人们发现一些贵金属，如金和银，质地均匀，体积小，价值大，而且不会腐烂，易于分割，是充当一般等价物的上好材料。虽然各国最初用来充当一般等价物的物品各不相同，但都逐渐地过渡到了金和银。金和银固定地充当一般等价物，就成了我们所说的货币。金属货币的出现，翻开了金融史上崭新的一页，正因为如此，人们称之为"金融史上第一大发明"。

"货币"的由来

在古汉语中，"货"和"币"是两个词汇。"货"的意思和现在差不多，包括一切商品，由于古人不区分货币和财富，"货"也可作为一切财富的统称，充当一般等价物的商品也包含其中。汉代许慎的《说文解字》中说："古者货贝而宝龟"，其中的"货"就是指货币。"币"在战国时代是指布帛，由于布帛是当时重要的支付手段，所以"币"字就逐渐被赋予了货币的含义。《管子》中就有"先王以珠玉为上币，以黄金为中币，以刀布为下币"的记载。在随后的几千年中，中国一直使用"钱"来指代货币。直至清末，中国开设银行，改革币制，"货币"一词才较为广泛地使用起来。

生活中的纸币

最开始作为货币的金银都是足值的。人们慢慢发现，即使金银在流通中因为发生磨损而不足值了，大家也不会拒绝它，依然把它当作足值的货币来使用。为了节约贵金属，人们开始铸造不足值的货币，后来干脆用纸来制作货币，也就是我们今天看到的纸币。严格来说，纸币是国家强制使用的货币符号，只是代替足值货币充当流通的媒介。纸币的出现是货币发展史上的一个巨大进步，便利了商品交换，促进了商品生产和交换的不断扩大。

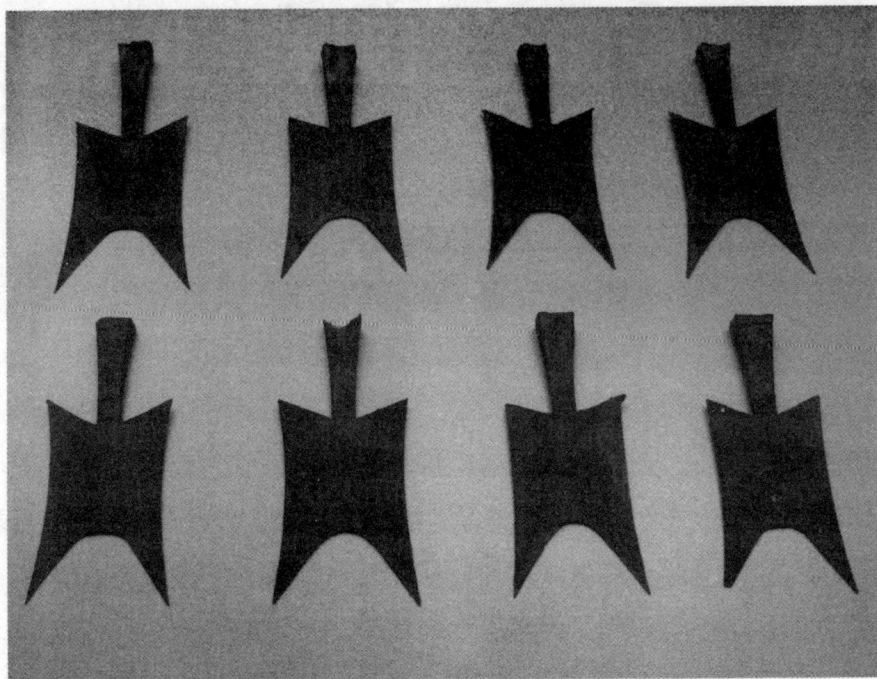

货币家族的新生儿

纸币作为一种媒介代替金属货币进行流通，这是金融史上的重大进步。但是，纸币也有它的缺陷。一般来说，纸币在发行9个月左右之后就得更换，纸张浪费很大。为了解决这个问题，人们又发明了"塑料货币"。尽管塑料货币要比普通纸币厚重一些，但却比纸币耐用得多。这种货币以聚合材料代替纸张，耐磨、不易折断、不怕揉洗，而且经久耐用，使用寿命至少是纸币的4倍。迄今，世界上已经有数十个国家开始使用这种塑料货币，其中一些国家只是把它作为特殊的纪念币来发行，而在澳大利亚、新西兰和罗马尼亚等国，塑料货币已经走进了寻常百姓家。

明天流行什么——电子货币

从足值的金属货币到不足值的金属货币，再到几乎毫无价值的纸币，流通中的货币与其所代表的价值相差越来越大。这不，就连纸币人们都觉得不够方便，所以又发明了"电子货币"。虽然金币、银币和纸币都按照各自的币材命名，然而"电子货币"却不是用"电子"做的，它是银行系统电子计算机网络中的一种信息流，是更加抽象、更加纯粹、更加观念化的价值符号。比起纸币来，它更加快速、便捷，能够提高信息传递速度，还可以节约大量的社会资源。我们经常使用的信用卡就是电子货币的一种。

"天圆地方"的困惑

贝壳也好，金银也罢，说到底不过是固定地充当一般等价物的特殊商品，本身也没什么神秘的。但是，人们对它们的看法却大相径庭。有些自命清高的人对任何有关钱的事情都不屑一顾，甚至耻于提到"钱"这个字，而蔑之为"阿堵物"。有人则把金钱当作万能的神灵，对之顶礼膜拜，穷其一生只为金银满仓。大家耳熟能详的葛朗台就是这种守财奴。马克思形象地把这种现象称为"货币拜物教"。货币就是货币，不管作用多么大都只是人们发明出来用于媒介流通的手段，我们应该端正态度，坚持"取之有道，用之有度"的原则，正确地对待货币。

钱为什么不值钱了

纸币是由国家统一发行的，流通中纸币的数量应符合一国的实际经济对货币的需求，但是这个需求是不断变化的，很难确定。此外，为了促进经济发展或弥补财政赤字，政府也会多发货币。流通中的货币多了，价格就会上涨。如果某一个时期的物价持续地大幅度上涨，我们就说是发生了"通货膨胀"。通货膨胀对不同的人影响是不一样的，一般来说，有利于债务人而不利于债权人；此外，靠工资生活的人也会因此而遭受较大的损失。不过从各国经济发展的历史来看，在某些条件下，通货膨胀也可能会成为刺激经济复苏的兴奋剂。

没有物价上涨的通货膨胀

通货膨胀一般都表现为价格不间断地上涨，不过，即使价格不涨，也会发生通货膨胀。通货膨胀本质上讲是流通中的货币数量与商品数量的比例不断升高，如果没有人为干预，就会推动价格上行；如果出于某种原因，政府不许价格上涨，或规定了一个较低的限制价格，价格就会保持不变或仅有少量的上浮，但是货币数量与商品数量的比值依然会不断上升，因而说这也是通货膨胀，为了加以区别，人们称之为"隐蔽性通货膨胀"。发生通货膨胀的时候，人们的生活水平会急剧降低，整个社会经济都会发生动荡。在这一点上，无论哪种通货膨胀都是一样的。

货币资金的周转站——银行

以货币形式表现的财富分布在社会的各个角落。在某个特定的时点上，有些资金会停止流动；而在同一时刻，有些地方又会资金不足。如果没有人调剂二者之间的矛盾，这个问题就不会得到圆满的解决。而银行就好像一个"蓄水池"，只不过这里装的不是水，而是货币。人们暂时不用的货币可以存到这来，而需要资金周转的人也可以从这里有偿地获得资金。虽然流入和流出的货币大体相当，银行这个"蓄水池"里却总会有一定的留存，以备不时之需。在我们今天的生活中，银行已不仅仅是个"蓄水池"，它的触角已经伸到了每个角落，对经济发展和社会生活也起着越来越大的作用。

银行的先祖

奴隶社会和封建社会早期，国家的规模都比较小，各国、各地区铸币的材料、成色和重量都不一样，商品交易十分困难。正是看到了其中蕴含的商机，一部分商人就开始专门从事铸币的辨别、鉴定和兑换业务。后来，随着商品经济的进一步发展，四处奔波的商人为了避免携带货币的麻烦和风险，就把货币交给货币兑换商保管，并委托他们代理支付、结算和汇款。这样，货币兑换业就演变为货币经营业了。

动物和银行

塔尔大沙漠位于印度西部的拉贾斯坦邦，那里黄沙滚滚、酷热难当，但是，每年在那里举行的骆驼赛跑和骆驼球赛等活动还是吸引了大量游客前往观光旅游。为了解决外币兑换的问题，印度银行界便设立了一种由骆驼拉动的木制流动性银行办事处，人们称它为"骆驼银行"。

银行的钱是怎么来的

我们说银行是货币资金的"蓄水池",可是,这池子里必须先有一部分水,才能吸引更多的水注入其中。总体来说,水主要来自两个方面:一是银行的自有资本。尽管银行经营着特殊的商品——货币,但是和其他企业一样,银行大多都是股份制公司,可以发行股票筹集资金。但是,这一部分只占银行资本很小的份额,大概不到10%。二是吸收各种存款,这是银行资金的最主要来源。我们熟悉的储蓄就为银行提供了资金。此外,企业、国家都可以到银行存款,银行的资金因而丰盈起来。

为什么存的钱变多了

有过存款经验的人都知道，钱存在银行里一段时间之后，就会多出一些，这个多出来的部分就是"利息"，它是债务人为了取得借款而向债权人支付的超过本金或母金的部分，因而也叫"子金"或"利金"。一般来说，利息不会是零，否则就没有人愿意借钱给别人了；但也不会超出合理的范围，不然就没有人愿意借入资金了。有了利息，钱就好像能够自己凭空就生出钱似的，为货币增添了一层神秘的色彩。

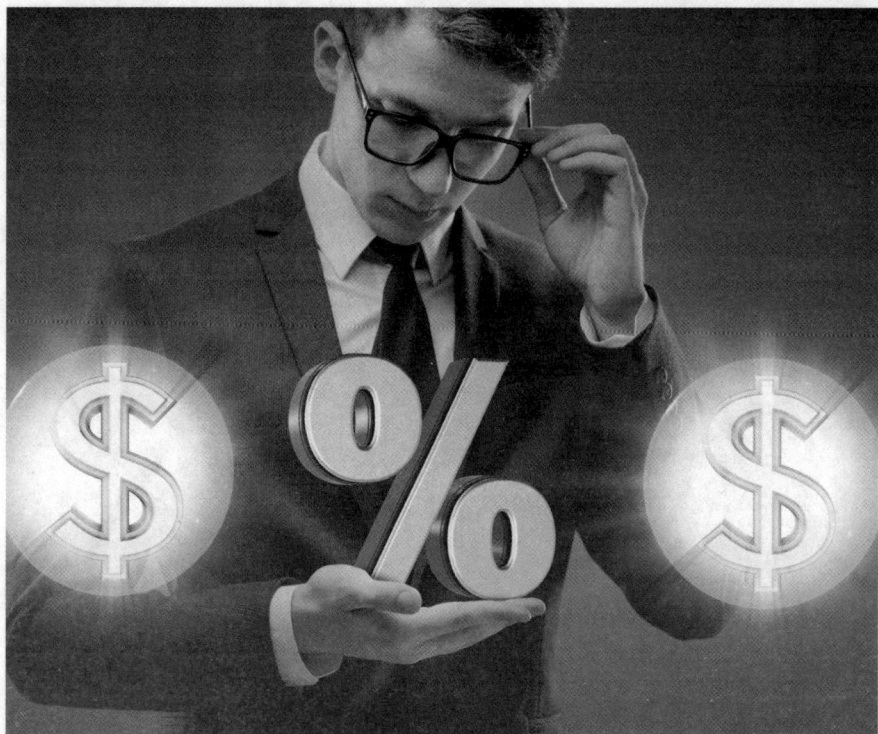

为什么会得到利息

其实，利息的存在是合理的。关于为什么会有利息，人们有许多成熟的理论。有一种观点认为，利息是"流动性"的果实。货币就像是水一样，能够在社会经济的大河中自由流动，一旦存入银行，就好像结成了冰，被固定在银行里了，流动性对存款人而言也就消失了。要使用货币，就必须先把这冰化成水，如果是定期存款的话，那么，这个融化的过程更加麻烦。正是因为人们在存款的时候实际上同时交出了"流动性"，银行才要付利息，对存款人加以补偿。

利息多少谁说了算

存款获得的利息数量主要取决于利息率。利息率就是一定时间内得到的利息与本金的比率。一般来说，活期存款利率为零，理由正如前文所述，存款人并没有损失流动性。不仅如此，一些银行还要向存款人收取费用，因为他们获得了银行的服务。定期存款和储蓄存款都可以获得利息，大体上讲，定期比活期高，长期比短期高。我们到银行存钱的时候，就可以看到详细的利率表。

万恶的高利贷

　　一一提起高利贷我们总是想到剥削，但它却是历史上最早的信用形式。在中国春秋战国时代，高利贷就已十分流行。《战国策》中有孟尝君放债取息之事，《管子》也记载了齐国高利贷猖獗的景象，借贷人竟达3万家之多。高利贷的形式也很多，像元代的"羊羔息"、清代的"印子钱"以及新中国成立前盛行于华北的"驴打滚"、广东的"九扣十三归"都是不折不扣的高利贷。

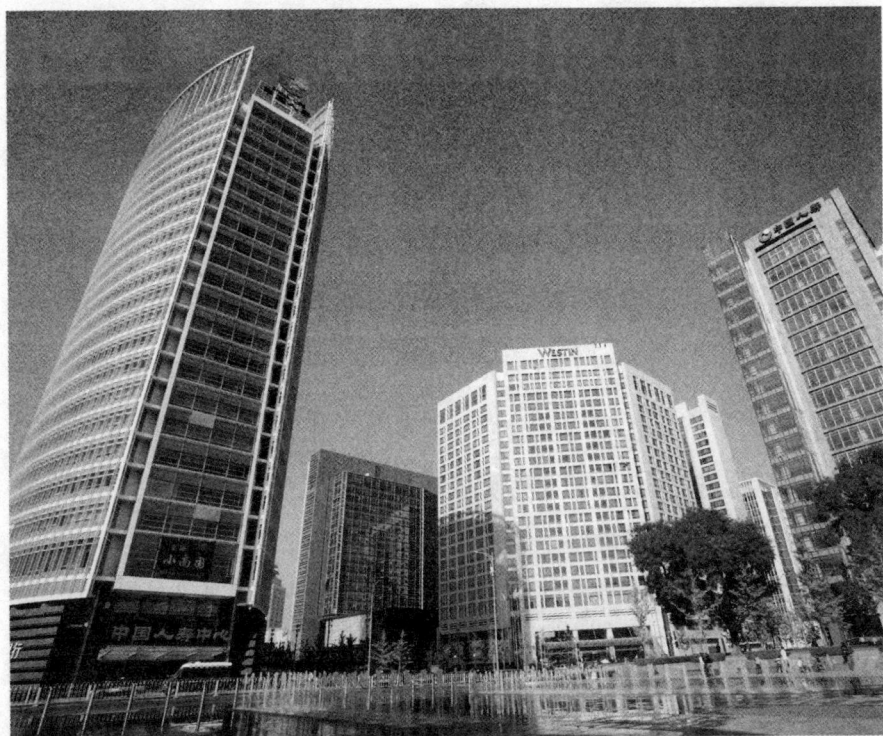

银行也需借钱吗

尽管银行可以多方筹集资金,可既然是搏击在商海中的企业,就难免会有资金周转不灵的时候。这种情况下,无论是发行新股还是吸引新的存款都不能及时地解决燃眉之急,于是银行也会借钱。因为银行借款的数额比较大,而期限一般也不长,最短的甚至只有一个晚上,所以最好的借款对象自然是其他的商业银行,这种借款也因而得名"同业拆借"。同业拆借的利率一般很低。此外,银行还可以将自有的资产抵押从而获得贷款或者向中央银行乃至外国投资者借款以渡过危机。

银行的钱用到哪里去了

银行把货币资金集中起来，自然不是要把它们束之高阁，而是要让它们流动起来，像甘甜的泉水一样滋润饥渴的经济大地。因此银行就要开办资产业务。首先是各种贷款，有定期、活期和抵押贷款很多种，不仅可以贷给工商企业，个人也可以获得贷款，现在个人贷款已经占到了贷款总额的三分之一。此外，银行还有贴现业务，就是把客户的票据按一定的利率折算成现金交给客户，供其使用。近些年来，商业银行更是积极、主动地投资证券市场，不过由于各种法律、法规的限制，其主要的投资对象是政府债券。

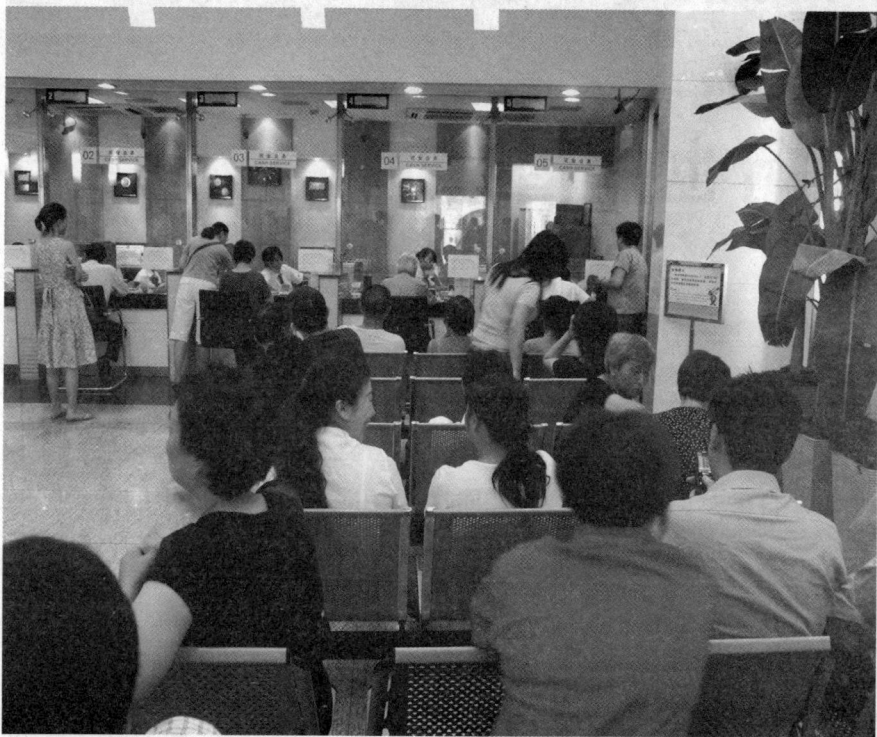

小的也是好的

在我国商业银行体系中，中小商业银行是一支生力军。它们的建立与发展，极大地促进了银行体系竞争机制的形成，提高了商业银行的服务水平、服务质量和工作效率。在这些中小银行的推动下，"一卡通""一柜通""一本通"等金融创新品种不断涌现，既为广大居民提供了多样的金融服务，也使银行的效益得到了提高。在我国许多地区，中小商业银行已经成为地区经济的主要服务主体，中小商业银行灵活的经营模式与有针对性的服务，有力地支持了地方经济的发展。

中央银行：我说话就算数

在制定和实施货币政策的时候，中央银行有着相对独立的权力，不一定完全听命于政府，并且能够对政府的某些超经济行为（如为迎合政治需要而不适当地调整经济政策等）起到制约作用。这种权力，称之为中央银行的相对独立性。有了这样的权力，中央银行就可以排除外来干扰，集中全力维护经济稳定，实现既定的货币政策目标，防止出现政治性的经济波动。当然，这种权力也不是说中央银行就可以脱离政府，我行我素。在保持独立性的同时，中央银行也要积极和其他部门配合，发挥各自的作用。

中央银行的倚天剑

为了保证国民经济的平稳、健康和快速增长，国家要制定相应的经济政策，货币政策就是其中重要的一环。货币政策，顾名思义，就是国家为实现宏观经济调控目标而采取的各种控制和调节货币的方针和措施。货币政策不仅调节货币，也对各种信用活动发生作用，因而也叫金融政策。同其他的经济政策一样，货币政策也要服务于充分就业、物价稳定、经济增长和国际收支平衡的目标。制定并执行正确得当的货币政策会促进国民经济的发展；反之，错误的货币政策则会带来巨大的灾难。货币政策就是中央银行手中的双刃剑，运用起来要慎之又慎。

令人眼花缭乱的投资银行

留心一下我们的身边，可以看到许多带有证券公司、投资公司、实业银行、信托公司、金融公司、持股公司、发行公司之类字样的金融机构，其实它们有一个共同的名字，就是投资银行，既然有"投资"二字，自然就是专门向企业投资和提供长期信贷的银行。其实，投资银行的业务还有许多，例如发放中长期贷款、包销股票和债券、提供财务咨询、参与企业的组建、经营外汇业务等等。投资银行对市场经济而言，是不可或缺的组成部分，有人这样评价它：如果说交易所是资本市场的外形，那么投资银行就是资本市场的灵魂，可见其作用之大了。

人在屋中坐，祸从天上落

俗话说：天有不测风云，人有旦夕祸福。无论做什么事情，都没有绝对的把握；无论怎样小心翼翼，也都不会百分之百的安全。既然生在这个不确定的世界，就难免会遭受意想不到的损失。这种损失发生的不确定性，我们称之为风险。尽管人们都不喜欢风险，但它的的确确就在我们左右；尽管人们做了各种防范的准备，风险还是肆虐人间。千百年来，人们为了应对风险想尽了办法，不仅发展了各种抗灾技术，还发明了保险。

一人为众，众为一人

生活里的"保险"一词是"有把握""可能性较大"的意思；经济学里的保险则是指这样一种制度，即对可能发生的风险进行预测，收取保险费，建立保险基金，一旦风险发生，对其造成的损失进行补偿，这样一来，无论是谁，只要参加了保险就可以获得相当的保障。每个人交纳的保费是保障的源泉，而这个保障又切切实实地落实到了每一个人的头上，这就是所谓的"一人为众，众为一人"的原则。保险虽然不能杜绝风险或提前避免损失的发生，但是却可以通过事后补偿的办法将损失尽可能减小。

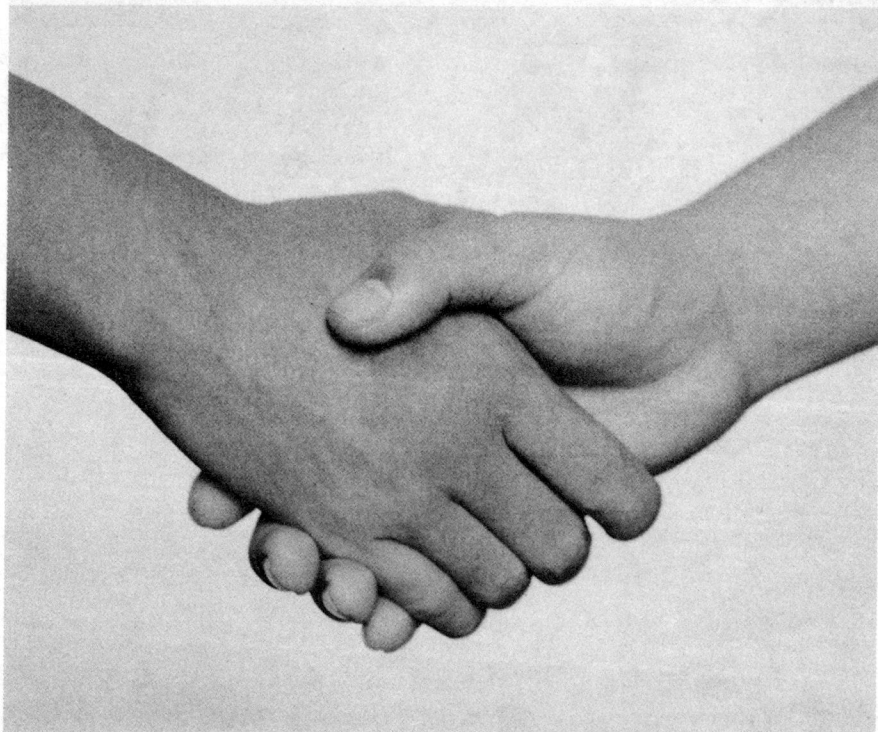

文明之初的保险

人们自从开始有意识地观察这个世界的时候，就意识到了风险的存在，并积极地探索应对之道。中国古代曾有过从民间征缴粮食建立粮库，灾荒时救济灾民的制度。公元前 19 世纪的巴比伦国王曾将部分税收作为救济火灾的基金，可以说是最早的"火灾保险"。古埃及时修建金字塔是件危险的工作，石匠们组织了"互助会"，在会员死亡后为其支付丧葬费用。古罗马的士兵是勇猛而又聪明的，他们组织起来收取会费，为阵亡士兵的亲属提供抚恤金。这些方式、方法尽管还不成熟，但却体现了保险的精髓，可以说是现代保险的始祖。

惊涛骇浪里诞生的保险

早在公元前 2000 年左右，地中海东岸的一些地区就成了东西方贸易的交通要冲，海上贸易活动极为兴盛。但是，限于当时的航海技术，海难时有发生。因此，当船舶遇险时，最有效的应急措施是抛弃货物，减轻船身的重量。损失由大家共同分担，这样一来就逐步形成了"一人为众，众为一人"的原则，也就是最初保险的萌芽。不仅如此，这个原则还于公元前 916 年为《罗地安海商法》所吸收，列入正式的成文规定。慢慢地，这个方法被各国采用，不断完善，并从海上转移到陆地上，渗入社会的各个方面。

大火烧掉了伦敦，
却烤熟了保险

火是人类文明的催化剂，却也是无情的恶魔，人们对它又爱又怕。1666 年 9 月 2 日，一场持续了 5 天 5 夜的大火把伦敦城烧成了一片焦土，13 000 多户住宅被毁，20 多万居民无家可归。当时，有位叫巴奔的医生修建了一些简易的房屋来安置难民。火魔的肆虐和灾民的惨状给他留下了深刻的印象，使他意识到对火灾进行保险的重要性。第二年，他建立了世界上第一家火灾保险公司，业务发展十分迅速，火灾保险从此正式登场。

人寿保险的出现

人们从很早就开始采用各种方式保护生命和财产安全，除了医学之外，保险也是一种行之有效的方式。古希腊的时候，有一种"公共柜"的组织，平时人们投入资金，战时就用来救济伤亡者。15世纪奴隶贸易猖獗的时候，也出现了对奴隶生命的保险，后来还发展到了船长、船员和旅客。现代人寿制度的形成，与精确计算死亡率密切相关。1693年，英国天文学家爱德华·哈雷利用统计资料，精确地算出了各年龄段的死亡率。1762年，出现了第一家人寿保险公司——伦敦公平保险公司，它的成立标志着现代人寿保险制度的形成。

谁来给我们保险

原始的那些带有保险性质的方法有很大的局限性，一是只限于较小的地域内，提供的保障也很少；二是也没有成文的规定加以约束。但是人们的生活越来越离不开这种事后补偿的防灾手段，于是就有一些人开始专门从事保险业，使之走上了商业化的道路，慢慢地就形成了我们今天的保险公司。时至今日，保险公司不光是经营保险业务的经济组织，还是金融体系中不可缺少的金融机构，不仅分散了风险、保障了投保人的利益，还为银行信用提供了保障。因此，保险是金融体系的一个重要支柱，是其中不可缺少的一环。

保险公司如何获利

保险公司不是慈善机构，而是独立核算、自负盈亏的金融企业。如果收集的保险费全都用于赔偿，保险公司不仅不会获利，而且连本钱都会赔进去。那么，保险公司的经营诀窍在何处呢？尽管风险不可预测，但是风险发生的可能性可以估算。比如，火灾发生会造成 5% 的损失，有 100 个投保人，每个人的财产是 100 元，而保险公司的正常费用和利润是 500 元，每人应缴纳的保险费就是（$100 \times 100 \times 5\% + 500$）$\div 100 = 10$（元）。也就是说，保险公司根据对风险发生概率的计算，把自己正常的费用利润摊入保险费，从而维持正常的经营活动。

保险的"保险"

虽说保险公司是给人家提供保障的，可是有的时候由于承包的业务过大等原因，保险公司也会觉得不保险，于是就把该项业务以承保的形式部分地转嫁给其他保险人，也就是将风险在保险人之间进行转移。这种方式，我们称之为"再保险"，也叫"分保"。在进行这种业务的时候，原保险人，即保险的分出人，应该把有关情况如实地告知再保险人。由于这是一种保险人之间的契约，与原投保人无关，所以原保险人不能以再保险人未履行契约为由拒绝赔偿。当然，原保险的收益人也不能向再保险人提出赔偿要求。

让大家安居乐业的社会保险

一般来说，即使没有保险，疾病、火灾、盗窃之类的风险所造成的损失也是可以由个体家庭来承担的，影响的范围也比较小。但是，有些风险，如失业、战争、通货膨胀、地震、洪水等就不是个人所能承受和抵挡的，因为其波及的范围很广，甚至可能是全人类。面对这类"基本风险"，保险公司也无能为力，但是这些保障又不可或缺，于是就由国家出面，通过立法的形式对劳动者强制进行保险，也就是我们所说的"社会保险"。它的出现，有利于维护社会安定，是人民安居乐业的保障。

咖啡馆和保险公司

劳合社是当今世界上最大的保险机构之一，历史悠久，可以追溯到 17 世纪。1683 年，爱德华·劳埃德在伦敦开了家咖啡馆，为船东、商人、经纪人、船长提供一个会晤场所。为了解决通信落后、航运消息延误的问题，劳埃德咖啡馆从 1696 年开始出版一份单张小报——《劳埃德新闻》，使该馆名声大噪，成了航运消息的传播中心。1734 年，劳埃德咖啡馆又出版了《劳合动态》，它是英国历史上最久的报纸之一。1871 年，英国议会通过了法案，正式批准劳埃德经营保险业务，从此这家咖啡馆走上了保险之路。

南北战争的"无心插柳"

1861 年，美国南北战争打响，随着战争的持续和升级，受伤的水手和士兵不断运至后方。为了给这些保家卫国的英雄提供良好的医疗照顾和保障支付，纽约的一些有识之士筹资 10 万美元成立了国家联盟人寿和伤残保赔公司。后几经改组和波折，该公司决定集中精力发展人寿保险，并于 1868 年正式更名为"大都会人寿"。大都会人寿积极参与各项社会事务，如对大众进行公共卫生教育，使之在美国国内发展中扮演了极为重要的角色。大都会人寿已经成为世界上历史最悠久、财力最雄厚的金融机构之一，并且一直在北美的保险业中居于领导地位。

保险业存在的风险

在保险业发展的历史上，"道德风险"一直是困扰大家的难题。这种风险主要是指投保人或关系人为图谋赔款或保险金，有意促成保险事故而发生的风险。道德风险的表现有很多，故意制造货物的损失或造成人身损害从保险人那里骗取保险金是道德风险，对保险人隐瞒实情、编造未发生的事故或扩大损失程度也是道德风险。不仅如此，道德风险的花样还在不断翻新，对保险业的发展构成了严重的威胁。要想避免这种风险，必须全社会共同行动起来，除了道德教育之外，还要完善各个方面的制度，加强对各方的监管，杜绝保险市场上的不道德行为。

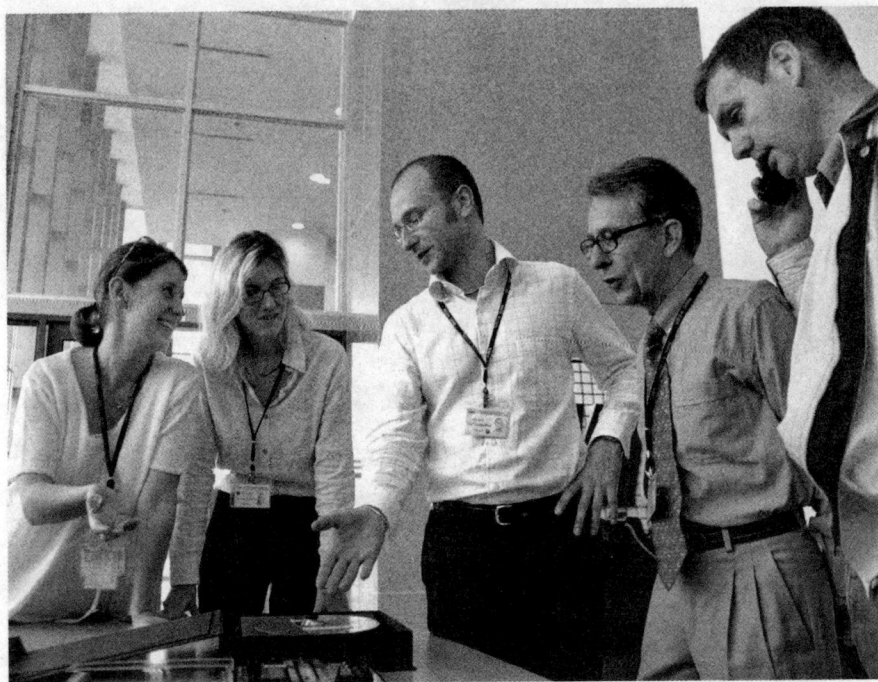

专家理财——投资基金

社会进步到了今天，理财已不再是一件简单的事情了。对大多数人来说，学习专业的理财技能既不现实，也不必要，找个理财专家才是最好的方法。为了满足人们对理财服务的需要，投资基金应运而生。投资基金也是一种金融机构，投资者只要购买基金发行的股份或受益凭证即可坐享其成。投资基金集中的资金主要投资于各种金融商品，如股票、债券，从而谋取最大收益，回报投资者。最早的投资基金是 1868 年英国的"海外殖民政府信托"组织。投资基金已经成为数量众多、地位显赫的一类金融机构，在金融体系中起着举足轻重的作用。

不是货币也有值

无论是哪国的纸币，在印刷上都极尽美化之能事，而且一般面额越大票幅就越大。其实，在我们生活中还有一种纸制品，虽然没有美丽的外观，而且往往只是薄薄的一片，却可以与成千上万的货币等值，这就是票据。票据是一种可以流通的债务凭证，对债权人来说，是其债权的保证。票据和借据或押据的不同在于票据可以流通，一旦需要，票据可以通过正规的渠道变现。此外，票据具有法律效力，因而形式也要正规许多。例如，《中华人民共和国票据法》规定，票据上必须有相关人等的签章和涉及的金额等项目。

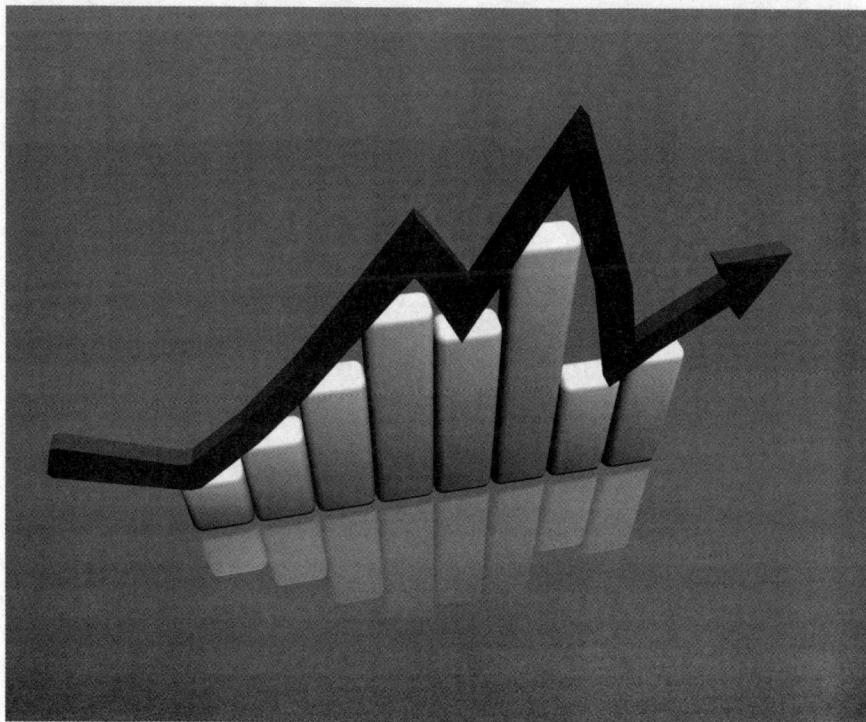

债权人的付款命令：汇票

债务到期的时候，如果债权人不能亲自出面，就可以开出汇票，指令债务人无条件地支付一定金额给持票人或其他收款人。汇票具有很大的灵活性，付款时间可以是见票即付，也可以是指定日期或在见票后若干日付款。根据付款日的不同，汇票可以分为即期汇票、远期汇票等。为了保证款项能够正确划拨，出票人还可以在汇票上注明收款人的名称。汇票也不限于一国之内，需要的话，也可以开出通行世界的国际汇票。在实际应用中，银行汇票使用最多，因为它结算方便，风险又小，所以备受世人青睐。

银行的付款书：本票

汇票是债权人开给债务人的，而本票则是债务人开给债权人的，内容是承诺自己在见票时无条件支付确定的金额给持票人或特定的收款人。一般来说，本票有商业本票和银行本票之分。本票信誉高、风险小，甚至可以同货币换用，也可以向发票人兑换现金。和汇票一样，本票也可以注明收款人姓名。此外，本票还可以规定到期日期，因而有"即期本票"和"定期本票"的区别。本票的历史很悠久，中国古代的钱庄或银号就曾经使用过一种叫作"庄票"的本票，并且一直沿用到新中国成立前。

活期存款的特权：支票

我们知道，银行的存款业务大体上可以分为三种：活期存款、定期存款和储蓄存款，而活期存款的"活"字就体现在支票上。我们在银行办理了活期存款手续之后，就可以领到厚厚的支票簿。以后在需要使用大额款项的时候，我们可以不用携带大量的现金，只需开出支票，委托银行或其他金融机构付款即可，既方便又安全。不过有一利必有一弊，活期存款大多没有利息，甚至还要付手续费给银行。支票的种类也很多，例如按有无记载收款人姓名可分为记名支票和无记名支票，按票款方式又可以分为普通支票、现金支票和转账支票。

债券是什么

企业在经营发展的过程中，有时会需要较长期的资金注入，银行贷款成本太高；增发股票虽然也可以解决问题，但有时会遭到股东的反对，而且手续也很烦琐。这个时候，企业多半会发行债券。债券和票据相似，也是一种债权或债务凭证。债券的发行人要承诺在将来预定的时间里向债权人还本付息。债券具有法律效力，或者是双方签订债券契约，或者在债券票面上注明双方的权利义务。总之，要明确双方的责权利。和股票相比，债券的持有人不具有对企业的所有权，一般也不参加企业的经营管理，因而很受企业的欢迎。

银行也发债券

对银行而言，要想在激烈的竞争中站稳脚跟，就必须准备充足的资本。可无论是增发股票还是向其他银行贷款，都有不利之处，而且数量也有一定的限度。因此，银行也盯上了发行债券的融资渠道。为了和普通的企业债券相区别，在一些亚洲国家，人们把银行及其他金融机构发行的债券称为"金融债券"，而在英、美等国，金融债券也被视作企业债券的一种。金融债券的种类有很多，有付息金融债券和贴现金融债券，也有普通金融债券和累进利息金融债券。它的出现，在很大程度上推动了各种金融机构的发展。

股票和债券之间的变色龙

股票是股票，债券是债券，二者原本是井水不犯河水的。可是偏偏有人想脚踩两只船，两边都得利。这个"两面派"就是"可转换债券"。所谓"可转换"就是说这种债券可以在一定时期内按一定价格或比例转换成普通股，因此可转换债券可以看作一种普通股票的看涨期权。可转换债券是一种附有认股权的债券，因此同时具有公司债券和股票的双重特征，也正因为这样，持有人可以享受双重的选择权。除了可转换债券之外，"可转换优先股票"也是一种可转换证券，它在一定条件下能够转换成普通股票。

典当

典当产生于中国南北朝时期。据说，当时佛教备受推崇，寺庙因此聚敛了大量钱财，放债也是自然的事情。加之寺庙免税免役，社会地位又高，安全性有保障，所以最初的典当业都是由寺庙来经营的。自南北朝以后，典当逐渐在民间流行起来，到了唐宋时期就已经成为一种正式的行业，经过元、明、清三代，典当业更是兴旺发达。据史书记载，清光绪年间，中国有大小当铺 7000 余家，典当之繁荣，可见一斑。

变幻莫测的股市

股市从出现的那一天起，就从来不是一潭死水，这里从来不缺少惊涛骇浪。当股市人气旺盛、全面飘红的时候，人们叫它"牛市"；当股市人心涣散、放眼望去一片"草原"的时候，人们叫它"熊市"，不管是"牛"是"熊"，都会牵动着千万人的目光。股市从"熊"到"牛"、从"熊"到"牛"的变化，和整个社会的方方面面都有联系。政治事件、经济动荡、技术进步乃至季节变换，都会触及股市的敏感神经，反映到营业厅的大屏幕上。过去说股市是经济的晴雨表，现在股市还是晴雨表，可上面所表现的已是整个社会的生活了。

我们在哪里买卖股票

大凡可以公开买卖的商品，都会有一个较为固定的交易场所，股票也不例外，买卖股票的地方叫作证券交易所。因为股票要先经过发行市场，所以证券交易所也叫作二级市场。证券交易所是专业的、有组织的股票交易市场，不仅为股票交易提供了良好的场所，还准备了各种信息资料和完善的服务，并且有专门的经纪人从事股票交易活动。除此以外，证券交易所还要监督企业的经营行为，通过各项制度、法规等保障股票发行公司和投资者的利益。

怎么买卖股票

尽管股票在买卖上没有限制，但是和普通的商品不同，个人不能直接购买股票，必须由经纪商代为购买。投资者要选择一个信誉良好的经纪商，在那里"开户"，即与经纪商签订买卖股票的契约。这份契约比较复杂，里面应该写明买卖时双方应遵守的规章制度、委托的注意事项以及交割、仲裁的方式等。经过这些步骤之后，就可在认为合适的时候"委托"经纪商进行股票买卖活动。如果成交，客户就会收到"成交通知单"，并据此进行交割。

无奈的股东

现代经济学有两个基本假设：完全信息和理性人。所谓完全信息，就是市场上的各种信息，如供求、价格等，都可以免费而迅速地传递，以供相关主体利用。然而事实证明，这样的假设只是美好的设想，在实际生活中还没有成为现实。这一点对于投资股份公司的股东来说更是如此。虽然有各种信息披露机制，可是一些股份公司的管理人员、董事以及其他"内部人"，还是可能利用公司信息的漏洞不当得利。关于这个问题已有相应的法律规定。

将在外，君命有所不受

现代股份制中存在一种"代理"关系，也就是说股东将自己的投资委托给经理人进行经营管理，股东的投资收益也就完全取决于那些"代理人"的绩效。这种情况下，就会出现"委托人—代理人问题"。股东的目标是分得更多的红利，而经理人往往有自己的打算，比如说在短期内大幅度扩张企业的规模，或从事某种有利于提高自己身价的经营活动等。

基金代理
Fund Agency

股市里的害群之马

上面谈到的信息不对称问题和"委托人—代理人问题"，在世界各国的金融市场上都普遍存在，中国也不例外。中国的股票市场建立得相对较晚，虽然成长很快，但是相关的制度法规还有待完善。个别企业就利用这一点在市场上大搞欺诈活动，坑害广大投资者，如"郑百文""张家界""美尔雅""三九医药""麦科特"等上市公司的违规事件。中国必须加快相关制度的建设，加大监管力度，才能保证整个金融市场的健康发展。

涸泽而渔的安然

安然曾是美国的第七大公司，破产之前，其市场价值高达700亿美元，在纽约股市15万亿美元左右的交易总额中占据了相当大的比重。安然是美国新经济的代表，也是牛市的象征，《财富》杂志曾经连续5年给安然公司很高的评价，认为它是美国最具创新精神的企业。然而这一切让安然冲昏了头脑，管理层不切实际地扩张计划并没有被及时阻止，诸多独立董事也没有尽到职责，而相关监督机构也掉进了"安然例外"的陷阱。随着安然假账问题的曝光，这个曾经迷惑了所有人的神话终于破灭了。

安然风暴

安然事件之后，一系列的企业虚报经营业绩的丑闻随即浮出水面。令人瞠目的是，在这些涉嫌欺诈行为的企业中，有很多都是备受人们信赖的大公司。当时美国第二大长话公司"世界通信公司"在内部审查中发现，过去5个季度的公司现金流量被凭空夸大，数额超过38亿美元。除此以外，环球电信、朗讯、Qwest甚至是AT&T等公司也不断爆出惊人的内幕。令人不可忍受的是，安然竟成了造假者的榜样，"安然第二""安然亚洲版"也都惊现世间。类似安然的作假行为像一场风暴，在人们毫不知情的情况下席卷了全世界，这其中有很多值得我们思考的东西。

会计师的新"行规"

国内外连续发生的一系列财务欺诈案件，以及与之相联的审计失败、虚假评估事件，使注册会计师、注册资产评估师行业的公信力受到严峻挑战。为了全面提升注册会计师和注册资产评估师的职业道德水平和专业胜任能力，塑造独立、客观、公正的职业形象，把该行业建设成为社会公众信得过的专业服务行业，中国注册会计师协会于 2002 年 12 月 6 日公布了《注册会计师、注册资产评估师行业诚信建设纲要》。该纲要的颁布，强化了行业各项制度建设，规范了行业执业行为和秩序，有力地提升了行业公信力，推进了行业诚信建设。

今天你刷卡了吗

我们都知道,为了便利消费者购买商品,银行发明了活期存款,消费者可以使用支票来代替现金，既安全又方便。比起支票来，信用卡就更方便了，连填支票都不用，需要支付的时候，只需轻轻一划，一切问题都迎刃而解。而且，大多数情况下，银行允许消费者在一定额度范围内透支，消费者只要在一定期限内偿还，还不用付利息。正是因为有这些便利条件，信用卡很快成了人们的新宠，甚至大有取代纸币之势。说不定什么时候，人们见面的问候语就改成了"今天你刷卡了吗？"

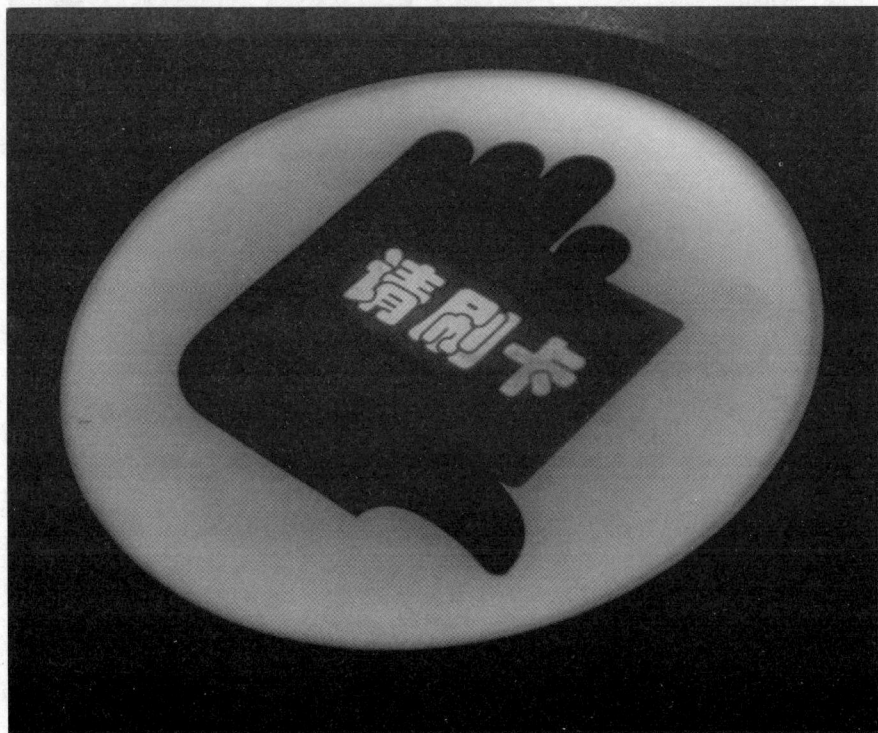

锐意进取的信用卡

信用卡最早出现于 20 世纪初，到今天已经有大约 100 年的历史了。尽管如此，信用卡的活力可一点都没有衰退，尤其是 20 世纪 50 年代以后，信用卡的发展十分迅速，种类不断增加，零售信用卡、借方信用卡、存储信用卡、银行信用卡等，不一而足，其功能也不断翻新。其不仅可以代替现金支付，还能够进行存款透支、自动转账和申请消费信贷，而且由于新的识别系统的引入，使用起来也更加安全。同时，信用卡的诸多优点使之能够取代有保证的支票制度和透支制度，这对中央银行加强货币管理也有很大的意义，从一个侧面推动了货币改革。

新时代的资金划拨：
电子转账系统

过去的转账工作要靠邮政系统来完成，费时费力，效率还低。现在，引入先进的电子计算机转账系统，资金清算的效率和速度成百上千倍地提高，原来的安全问题也减少了，风险迅速降低，银行平衡资金的能力也极大增强。电子转账系统的出现是对传统邮政转账方式的一次根本性革命，实现了资金划拨的自动化。

金融世界里的
阿基米德杠杆

阿基米德说：给我一根杠杆，我可以撬起地球。虽然这样的杠杆在现实世界是不可能存在的，但是在金融的国度里却变成了现实，这根传奇的杠杆就是期货。期货是从远期合约的交易方式中演变而来的，比起它的祖先，期货交易更加规范。期货交易的对象是标准化合约，上面对交易商品的规格、数量和交割时间都做了明确的规定，而且可以在期货市场内多次交易。期货交易不仅方便了买卖双方，而且为人们提供了资产保值的手段。此外，由于期货交易可以"以小搏大"，因而也成了投机者冒险的乐园。

今天的鸡蛋放在明天的篮子里

企业为了正常的生产需要，往往要储存一部分原材料、燃料等物资。可是如果这些物资的价格降低，企业不但要承担价差的损失，还要支付仓储费用，可以说是赔了夫人又折兵。期货市场的出现，给企业提供了一种保值的方法。具体操作很简单，就是在购入或卖出现货的同时，在期货市场上卖出或购入相同数量的商品，也就是进行一个恰好相反的操作。这样一来，现货市场上的亏损就可以由期货市场上的盈利来弥补。这种方法就是"套期保值（Hedging）"，是人们规避价格风险的好办法。

一变十、十变百的魔法

我们知道，试图规避价格风险的人只要执行套期保值的操作就可以高枕无忧了，可是价格风险并没有消失。那么，这部分风险哪里去了呢？答案是：转嫁给了那些投机者。与套期保值者不同，如果投机者预计价格会上涨，就会买进合约，希望能在较高价格水平上卖出对冲；如果预计价格要下跌，就卖出合约，希望能在较低的价格水平上补进对冲，从中获利。由于期货交易只要缴纳少量的保证金即可进行，因此，这种投机行为可能有十倍、百倍的利润。不过风险与收益是并重的，一旦亏损，也将是个天文数字。

期货的新发展

在期货产生以来的数百年历史中，一直是以各种实物商品为交易标的。后来，出现了以各种金融商品，如外汇、债券、股价指数等作为标的物的新型期货，也就是金融期货。与传统的商品期货相比，金融期货一样可以实现套期保值的基本功能，为不愿承担价格风险的企业提供稳定成本的措施。除此以外，金融期货的交易过程就是金融商品未来价格的发现过程，这其中蕴藏着巨大的投资获利机会。不过，金融期货的杠杆作用比起商品期货更是有过之而无不及，不小心的话，投资者就会血本无归。

股票指数期货

在买卖商品的时候，人们可以利用期货市场提供的套期保值功能规避风险。可在股票市场上就没有这样的好事了，投资者只能自己承担价格变动的风险。为了扭转这种情况，人们发明了"股票指数期货"。我们知道，股票指数的变动代表了整个市场行情的高低起伏，但是这并不意味着每一种股票的价格都在变动。而股票指数期货交易就是通过买卖股票指数期货来规避股票价格变动的风险。此外，同普通的期货交易一样，保值者通过这种交易把风险转交给了投机者，而自己则放弃了从价格变动中获利的机会。

世界上最早的期货交易所: 英国皇家交易所

英国很早就出现了类似于期货的交易方式。1215 年，英国的大宪章就正式允许外国商人到英国参加各种交易会。随着交易的发展，出现了货物尚未运到以前就把一种列明货物品种、价格和数量的文件相互转卖的情况。1570 年，英国皇家交易所在伦敦正式成立，成为世界上第一个商品交易所。随着英国国力日盛，期货市场也不断发展壮大，尤其是 19 世纪后期，英国的期货市场发展极为迅速，伦敦逐渐成为世界上重要的期货交易所的集结地，并一直长盛不衰。

大米也会"切手"吗

日本的期货交易产生也相当早。1730 年，大阪出现了专门从事大米远期合同交易的"米相场"，使用一种叫作"米切手"的存货证明书，和今天的期货合约颇有相似之处。1893 年，日本颁布了《交易所法》，期货交易所开始发展到全国各地。由于日本受欧美国家的影响较大，因此在期货市场的组织原则上基本与欧美国家相同，但也有一些自己的特点。例如，日本的期货市场没有保证公司，也没有独立的结算所，结算在交易所内部的会计室完成。从地域上讲，日本的期货交易主要集中在东京一带，该市 3 个交易所的成交额就占了全国总成交额的 60% 左右。

礼尚往来的金融创新

20世纪80年代之后，在国际金融市场上出现了一种新的融资方式——互换。它的操作并不复杂，参与交易的双方以远期合约的形式约定经过一段时间之后，按照预先确定的规则，彼此交换支付一系列的货币流量。互换应用得很广，有利率互换、货币互换、商品互换和股权互换等形式。互换和约不同于期货合约，大多是非标准化的，可以双方自行协商，也可以通过银行等金融中介机构进行，这时，银行就可以发挥互换资产的"仓储"功能。对于最终客户而言，互换降低了筹资成本，避免了利率和汇率风险；对银行等中介人来说，参与互换也是有利可图的。

今天定了价，明天也不一定交易

期货交易虽好，可是风险也很大，尤其是合约一旦到期，就是明知会赔本也得硬着头皮进行交易。有鉴于此，人们大胆创新，发明了期权交易（Option）。所谓期权，就是在未来约定的某一天或在此之前，以固定价格买进或卖出规定数量的商品或金融工具的权利。既然是一种权利，就有放弃的可能。如果到时价格不利的话，投资者就大可以不行使权利，从而避免了进一步的损失，只是当初支付的期权费就会落到别人的腰包。这种交易方式既可以使投资者躲避利率、汇率剧烈变动所带来的风险，又可以在利率、汇率向有利方向变动时从中获利，一举两得。

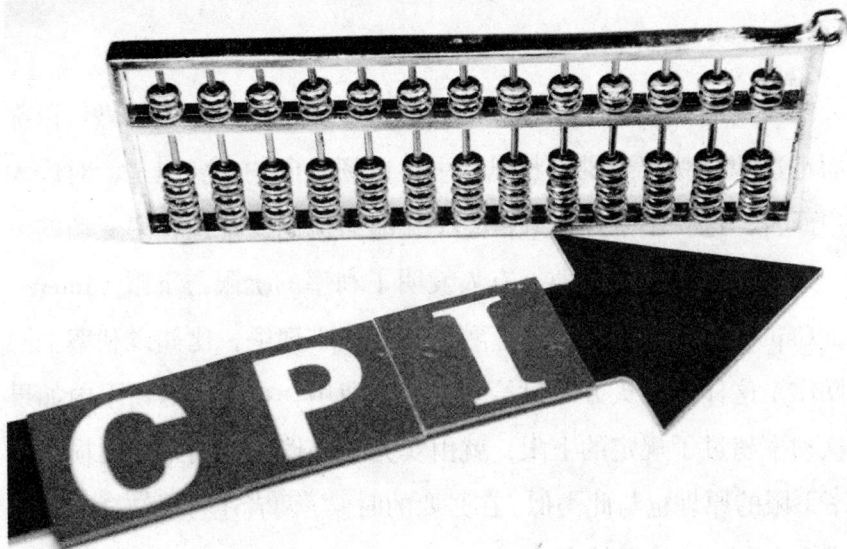

上封顶、下保底的保护伞

在发达国家的货币市场上，利率是自由浮动的。这样做可以准确而迅速地反映资金供求状况，引导市场走向均衡。但是，对广大储户而言，这就不是什么好消息了，因为他们要承担利率变动的风险。为了保护储户的利益，有人发明了利率的上限与下限（Interest Rate Caps & Floors）。这种金融创新并不难理解，比如说利率上限的操作是这样的：买方支付给卖方一定费用，在约定的期限内如果贷款利率超过了规定的上限，就由卖方来补偿因此而带来的损失。利率下限的原理也与此类似。在必要的时候，两者还可以结合起来，形成一个全方位的保护伞。

倒在衍生交易双刃剑下的巴林银行

期货也好，期权也罢，抑或利率的上限与下限，在经济学中都属于金融衍生产品。它们的正面作用是有目共睹的，可是这些衍生产品如果操作不好的话，也会引火烧身。1992年，尼克·李森被指派到新加坡担任当地巴林银行期货公司的总经理。他对衍生产品的交易可以说是轻车熟路，上任不久便为公司创造了巨额的利润。但是，尼克的理智被这些功绩吹到了九霄云外，他从事交易也越来越大胆，甚至到了疯狂的地步，终于在1994年的一次日经指数期货套利交易中栽了跟头，未平仓的合约达到270亿美元之巨，虽然巴林银行试图力挽狂澜，无奈大势已去，唯有破产了事。

不甘寂寞的保险公司

金融创新是整个金融业的事情，保险业自然也要凑个热闹。20世纪60年代以前，保险公司可算安分守己，只经营保险业务。后来保险公司也开始参与到创新的大军里来，一方面开拓新的险种，卫星保险、责任保险等都先后亮相，另一方面保险公司也在组织机构上不断创新，开设了识别、测定风险的专职部门，同时还向银行业务方面渗透，银行可以出售保险单，而保险公司也开办储蓄性保险，变相地办理存款业务。随着保险业不断扩张，新的金融产品不断涌现，客户从中收益良多，但是，金融监管部门却不得不面临更加困难的新课题。

养老基金的兴起

早期，养老基金是西方国家向社会退休人员提供社会保障的机构，其资金来源主要是参加者缴纳的款项。养老基金的受益人范围很广，几乎包括了所有受雇于公私企业的雇员。一般来说，雇员要为公司或政府工作 10 年之后才能领取相应的款项。养老基金可以分为私人养老基金和公共养老基金两类，虽说二者有差别，但在资金来源和运用方式上大同小异，即主要投资于股票和债券。第二次世界大战之后，随着金融创新的不断深入，养老基金在各个方面也都得到了长足的进步，发展十分迅速，甚至超过了银行业。

金融公司的壮大

通常意义上的金融公司是通过发行有价证券获取资金并发放消费贷款的金融机构，虽说和商业银行的业务有重叠之处，但是它并不属于银行业，而且由于运营成本高、资金来源渠道窄等因素的限制，也根本无力和商业银行抗衡。不过，金融创新的开展倒是极大地推动了金融公司的发展。许多大商业银行为了规避法规限制、增强竞争实力，纷纷收购金融公司，一来免除了不法竞争的嫌疑，二来就算业务创新失败了，也不会给自身带来太多的负面影响。此外，收购金融公司还是踏入他国金融市场的好办法，既可以减少阻力，又避免了和东道国的银行体系发生冲突。

跨国银行的急剧发展

金融创新并不只限于一两个国家，而是不断地向全世界扩散。在这一过程中，跨国银行功不可没。其实，银行跨国经营的趋势早在 19 世纪末就已经初露端倪，但是这一趋势真正变成时代的洪流却是在第二次世界大战后。一是跨国公司的大量涌现，创造出对全球性金融服务的巨大需求，二是蓬勃兴旺的金融创新极大地促进了跨国银行的发展。在这些因素的共同作用下，自 20 世纪 60 年代以来，跨国银行的分支机构大量增加，银行之间也通过各种形式实现联合或合并，银行业务也在电子化、全能化和专业化等方面不断取得突破。银行的跨国经营也就从此一发而不可收。

金融机构的同质化

大萧条的教训之一就是尽量避免金融业的混业经营，这种思想在 1933 年的《格拉斯—斯蒂格尔法》中体现得一览无余。美国、英国和日本等国都对此坚信不疑。20 世纪 70 年代之后，随着保险公司、养老基金等非银行机构的兴起和跨国银行的急剧发展，银行业的竞争变得空前激烈起来，为了能夺取未来的一片天空，商业银行开展了大量的业务创新。这些创新业务的开展，事实上削弱了传统金融管制的力度，从而导致了 20 世纪 80 年代管制的普遍放松，而管制的放松又加剧了各种金融机构业务的交叉和渗透，分工日益模糊，同质化的趋势日益明显。

给银行打分的骆驼

储户或企业存款的时候，总希望找一家业绩良好、经营稳定的银行，以避免银行倒闭带来的风险。可是银行这么多，分辨起来实在是困难。这个时候就得对银行的方方面面打分。在美国，打分的方法叫作"银行统一评级制度"，就是对商业银行的资本充足性（Capital）、资产质量（Asset）、经营管理能力（Management）、收益水平（Earning）和清偿能力（Liquidity）五个方面进行综合评定。这五个单词的首字母排在一起，恰好是英文中的"CAMEL"一词，因而这种制度得了一个"骆驼评级制度"的别名。